The Seoul,

예술이 말하는 도시 미시사

KB138719

The Seoul,
예술이 말하는 도시 미시사

김정은 / 서정임 / 정이삭 엮음

IANN

목차

추적의 시작

서울의
'나머지' 역사를
시각예술로 읽기

서정임

미술칼럼니스트

『The Seoul, 예술이 말하는 도시 미시사』는 "서울의 중심이 아닌 주변, 즉 서울의 '나머지' 지역이란 무엇인가?"라는 질문과 함께, 도시의 사소한 영역을 시각예술의 언어로 추적하려는 관점에서 출발하였다.

　　1990년대 후반 또는 2000년대 초부터 현재까지 서울이란 도시에 대한 예술 연구과 도시의 주변성을 담은 시각예술 작품들이 다양한 시선으로 생산되어 왔다. 하지만 그러한 흐름을 짚어내려는 노력은 작가 개인의 작품에 대한 비평으로만 소급되어 부분적으로 진행되었을 뿐, 그러한 시각적 결과물들의 파도를 비평적으로 짚어보려는 시도는 많지 않았다. 물론, 도시의 역사를 추적하고 어떤 시각적 결과물을 만들어내는 전시 또는 공공미술 프로젝트, 아카이브 전시들이 종종 기획되어 왔지만, 그것들의 목적은 도시 주변부를 탐색하는 데 중점을 두지 않았기에 도시의 사소한 역사들을 관찰하려는 시각 예술가들의 의도는 간과될 수밖에 없었다.

　　그래서 『The Seoul, 예술이 말하는 도시 미시사』는 연구자, 건축가, 비평가, 시각예술가들과 함께 일종의 '작은 것의 역사' 혹은 '작은 것을 통해 보는 역사'를 연구하는 미시사적 방법으로 서울이란 도시의 '나머지' 공간이 지닌 역사를 탐색하며 기록되지 못한 역사를 예술의 행위로 발견하고자 했다. 즉, 거시사적 관점에서 엘리트 문화에 의해 작성된 기념비적이고 중심적인 기록이 아닌, 서울이라는 도시 맥락에서 실제 존재하던 사람들의 일상적인 삶을 연구자, 비평가, 예술가들과 추적하는 것이다. 이를 통해 복합적인 사회관계의 그물망 속에서 그 현상이 지니는 역사적인 의미를 구체적으로 파악할 수 있는 서울의 '나머지' 기록으로 남기고자 한다.

기획자의 추적

없어진 집

정이삭

건축가

2012년 가을, 부모와 늦은 점심을 하고 뒷산을 산책한다. 낡은 한 채의 집을 발견한다. 그 작은 단서에 부모의 증언을 곁들여 긴 시간의 여행을 한다. 지금으로부터 약 50년 전 한강의 수재민들이 홍수 피해를 당했거나 피하기 위해 높은 지대를 찾아 정착한 곳 중 하나가 지금의 봉천동 일대다. 급격한 도시화 과정을 거치며 지방의 상경민 또한 이 곳으로 몰려든다. 1960년대 이후 약 20여 년 전까지 상도동과 봉천동의 정착민들은 마치 경쟁이라도 하듯 한 이름 없는 산의 능선을 향해 거주지를 확장시킨다. 20세기말 서울의 가장 거대한 판자촌 중 하나는 이렇게 만들어졌다.

그 이름 없는 산의, 이름 없는 땅에, 이름 없이 지어진 집들은 어느 날 3만여 세대의 아파트 단지로 대체된다. 이 산책길에 놓인 낡은 집을 제외하고 단 한 채의 예외도 없이 능선보다도 높게 병풍처럼 아파트들이 들어섰다. 그리고 그 낡은 집역시 당시 성행 중이던 '서울의 걷고 싶은 길' 사업에 의해 사라졌다. 다시 방문했을 때에는 빈 공터에 잔디만 남아 있었다.

과거 내가 살던 동명 내에 존재했던 그 낡은 집은 아랫마을 우리 집과는 꽤 거리가 있어서 그 집에 살았던 사람과 나의 관계는 없다고 보는 게 맞다. 심지어 어린 시절 그 집을 본 기억도 없다. 하지만 난 그 집으로 인해 나의 과거를 여행했다. 그 집이 갖는 공동적 형상은 다수에게 가까운 과거의 기억을 환기시킨다. 친구와 이웃의 삶이 역사의 프레임 안으로 들어왔다. 그 역사가 책에는 없지만 늘 나와 친구의 의식 속에 존

정이삭

재함을 상기했다. 이러한 역사는 왜 기념될 수 없는 걸까 자문했다.

서울서울서울, 그리고 도시 미시사

낡은 집과 그 끝의 의문이 2015년 〈서울서울서울〉 프로젝트와 『The Seoul, 예술이 말하는 도시 미시사』의 개인적 출발점이다. 일견 노스텔지어로 비칠 수 있다. 그러나 나는 낡은 집이 선사한 시간의 여행을 노스텔지어라고 생각하지 않는다. 개인의 기억이 결코 한 개인에게 한정되지 않기 때문이며, 나의 집과 너의 집이 다르지 않기 때문이다. 개인의 사소해 보일 수 있는 기억들은 우리가 수없이 반복하며 쌓아온 '일상의 논리'의 한 순간들이다. 그러나 우리는 그 논리가 끊임없이 단절되는 도시 속에서 살아왔다. 또는 그 논리가 존재하기 어려운 구조 속에 살아왔다. 그 시스템을 진화시켜 연결하지 못하고 매번 새로운 시작을 맹신했다.

서울의 자본주의적 근대 공간은 근대성 본래의 의미를 잃은 채 효율과 부의 창출에 몰두하여 무성적인 중심들만 생산해 왔다. 동시에 급격히 지우고 새로 만드는 과정에서 소외되고 우선순위에서 밀려나 방치된 또는 아직 자본의 힘이 미치지 못한 것들에서 발견할 수 있는 함축된 시간의 풍경이 있다. 그 '나머지'의 장소들에서 서울의 지난 시간을 추적하고 모두가 공감할 수 있는 논리가 내재된 단초들을 만날 수 있다. 소수 주도의 집중 개발의 관심 밖에서 다양한 개인의 반복적인 생활의 궤적이 존재했으며, 그 자취가 적층된 퇴적물 사이사이 다수가 공감하는 공동의 정서가 존재한다. 집단의 기억은 여의도 광장이나 시청 같은 기념비적 공간에만 해당되는 것이 아니다. 노란색 장판이 깔린 슈퍼마켓 앞 평상이나 회색 슬레이트 지붕골로 떨어지는 빗방울, 시멘트를 뿜어 바른 거친 벽의 질감과 같이 사소하나 공동성에 기반을 둔 개별적이나 광범위한 일상의 풍경 속에도 있는 것이다.

〈서울서울서울〉은 소위 '서울성'이라고 믿는 그 공고한 중심성 가장자리에 우리가 축적해 온 서울의 일상적 본성이 존재할 것이라는 믿음에 근거한 프로젝트였다. 그리고 이 책은 〈서울서울서울〉 외에 그러한 도시의 중심적 성질에서 멀리 떨어진 주변에서, 나머지 영역에서, 확고한 실체들 틈에서, 버려진 가치 속에서, 고정된 관념 이면에서 끊임없이 작동하고 생산되는 유무형의 의미들을 모으고 해석하려는 시도이다.

은폐한 기념

윤수연의 작업은 철원의 장소적 성질을 묻는 것에서 시작한다. 작가의 작업은 우리가 아는 철원이라는 도시의 이미지가 "이 장소가 실제로 마주했던 그리고 현재 당면한 총체의 모습들로 정의되어 있을까"라는 물음으로 시작한다. 그녀의 작업은 전국 곳곳의 기념비나 철원의 주요 안보 관광코스인 제2 땅굴, 민통선 마을 등을 사진으로 기록하고, 그 기념의 이미지를 1차 은폐하는 패턴 작업을 진행하고, 그 패턴이 옷감의 패턴으로 사용되면서 최초 기념의 이미지가 가졌던 목적을 삭제한다. 그리고 그 삭제된 기념의 패턴을 입은 사람들은 노동하고, 관광하고, 농사 짓는다. 그녀는 그제야 진정으로 기념하기 위한 사진을 기록한다. 그리고 그 다른 의미의 기념비적 현장에서 그 순간을 지속시킨다.

　무게의 중심이 너무 한곳에 쏠려 다른 한구석은 처다볼 여유가 없는 것은 아닐까. 철원이 가진 아주 일반적이고 평범한, 특성이라고 표현하기도 어려운 성질들은 거대한 기념들만이 강조되어야 하는 이유들로 인해 희생당하고 있다. 긍정과 부정을 떠나 큰 사건 위주의, 기념해야 한다고 믿는 역사 뒤에 가려진 철원의 일상성이 보여주는 또 다른 분단의 이미지가 있다. 그것만이 철원은 아니지만 그것도 철원임은 분명하다. 왜 우리는 여전히 그 이면을 보지 못할까. 난 윤수연의 작업이 주는 그 보잘것없음에 광분했다. 농부의 몸뻬 속에 은폐된 위대하다고 믿는 주류적 기념들에 통쾌해 했다.

　과거의 철원은 한반도의 중심이었지만 이제 분단선을 등진 단말 도시가 되었다. 근 과거 중심의 자리에서 겪은 분단을 현재 주변지이자 소외지로서의 철원은 어떻게 동시대에 웅변할 수 있을까. 과연 그 웅변이 필요하기는 한 것인가. 다른 가치를 찾아야 하는가. 이 나머지로서의 철원은 역할 없는 변방으로 멀어지며 박제화된 역사만을 반복해서 웅얼거리고 있다. 철원의 지금은 무엇일까. 철원이 돌보고 아껴야 하는 성질들은 전쟁과 대치가 갖는 막연한 공포나 슬픔이 아닌, 철원의 일상을 지속시키는 노동자의 팔뚝에, 농부의 몸빼에, 방문자의 발걸음에 있는 것은 아닐까.

존재 이전과 이후만을 위한 존재

김소라의 작업 〈2,3〉은 세계 여러 지역 작가의 친구들이 남긴 같은 순간의 기록들이다. 그것이 작가의 요청에 의해서 기록되지 않았다면 그 순간들은 개별적으로만 존재하는 사건으로 남았을 것이다. 사실 사건이 될 수도 없다. 사건이 되려면 기록이 있어야 하기 때문이다. 바꿔 말하면 이 세상 누구도 충분히 떨어진 여러 지역에서 동시에 벌어지고 있는 일들을 동시에 감지할 수 없으며, 그 일이 순간만 존재하고 흔적으로 남지 않는다면 그 순간이 지났을 때 그 무엇은 이 세상 누구도 기록할 수 없는 성질의 것이 된다. 그리고 기록으로 남기려는 의지가 없는 것은 사건도 존재도 아닌 게 된다.

계획가들은 도시를 이해할 수 있다고 믿는다. 기록을 뒤지고 그것을 분석하면 대상을 이해할 수 있고 그 정확한 이해를 바탕으로 옳은 계획이 가능하다고 믿는다. 하지만 기록할 수 없거나 기록할 가치가 없다고 여겨져 순간만 존재하는 수많은 행위들은 어떻게 기록하고 연구할 수 있을까. 그 기록되지 않는 행위가 가진 성질을 누가 무의미로 단정할 수 있을까. 그 순간의 가치를 담지 못한 데이터는, 그것의 분석은, 그로 인한 계획은 과연 옳은 것일까. 우리는 천 개의 눈을 갖지도 못했고, 사라진 실체들은 기억도, 기록도 할 수 없다.

"택시를 타고 금호동을 향한다. 구름 낀 해 없는 하늘에 분무기 물방울 같이 내리는 비가 강변북로와 그 너머 한강 위를 가득 채우고 있다. 이촌동 고급 빌라의 전창들이 한강에 비친 옅은 하늘색을 받아 고연히 빛나며 강을 응대한다. 유독 침착해 보이는 늦은 오전의 강남 한강변 아파트들이 또한 그 강을 마주한다. 마치 이 아침을 향한 차분한 의식처럼 난 그렇게 금호동을 향하고 있다. 약속한 공영주차장 옆에 내리자 빗방울이 굵어졌다. 김소라, 김해주에게 연락을 취해 김해주의 차에 들어가 앉는다. 창에 맺힌 빗방울 너머 보이는 금호동의 집들이 유럽의 고성처럼 깊은 베이스음을 울리고 있다. 비워진 공간의 울림통이 음을 증폭시킨다. 이제 저 울림의 근원으로 들어가 저 곳의 정지한 장소 없는 일상을 마주할 것이다."

- 김소라, 김해주, 아리 벤야민 메이어스의 협업 작업
〈프로스트 라디오〉(2014) 작업 참여 노트 중

김소라의 작업은 잠시 있다 사라지는 물로 그리는 그림 같고 공기 속의 진동 같다. 그 대지에 새겨진 모양과 떨림은 사라지지만, 그 실체에 관여하고 반응하는 행위의 기록은 남을 수 있다. 또한 작업을 실행하는 현재가 아니라 그 작업을 시작하기 전 고민하고 망설이고 두려워서 결국 아무것도 결정하지 못하고 결국 아무것도 실행하여 존재시키지 못하는 그 일련의 과정은 존재 이전만으로도 아름답다. 실행의 순간

정이삭

이 아닌 다짐의 시간도 창작의 과정임을 인정한다.

아무것도 못 할 수 있음을 받아들이는 것이 쉬운 일이 아니다. 존재하지 않게 실행하는 일은 어떻게 가능할지 모르겠다. 건축가로서 사회에 무언가를 더할 때, 도시를 기록하고 연구하는 것은 중요한 일이다. 하지만 김소라의 작업은 나의 그 연구적 자세를 철저히 조롱한다. 하지만 그 조롱이 날 무너뜨리지 않는다. 도시에 개입하는 창작자가 가져야 할 덕목이 작가의 작업 속에서 보인다. 건축가답지 않게 건축을 하려는 나의 의지가 김소라의 작업을 보며 단단해진다.

아무 곳도 아닌 곳

이 책의 조한 교수 글은 마치 김소라의 작업 〈프로스트 라디오〉의 해설판 같다. 장소 아닌 장소의 중요성, 모두가 무언가로 채워져 가고 있음에의 한탄 내지는 아쉬움이다. 그는 이태원 테이크아웃드로잉의 탈주성을 즐겼고, 더 텍사스 프로젝트의 거친 애매함에 감탄한다. 마치 김소라가 금호동의 빈집들 사이로 활보하듯, 양화대교 남단 고수부지의 잉여성에 만족하듯이 말이다. 끊임없이 중심에서 멀어지려고 노력하는 작가와 그리고 그러한 움직임을 탐닉하는 이론가의 마음이 나의 그것과 다르지 않다.

도시 계획가들이 어떤 지역에 개입할 때, 빠지지 않고 밟는 단계가 유휴 공간 분석이다. 그리고 그 공간과 지역에 어떠한 이로운 기능을 넣을지 고민한다. 그리고 그 삽입이 그 지역과 도시 전체에 도움이 될 거라는 확신을 주는 수많은 데이터를 제시한다. 그러나 여기에서 생략된 것은 그 곳이 정말 유휴되어 있는지, 그 유휴 공간은 그 무엇으로 반드시 대체되어야만 하는 것인지에 대한 검증이다. 유휴 되어 보이는 그 무엇이 어쩌면 그 유휴 된 기능으로 도시에 만족을 주고 있는 것은 아닌지 고민해야 한다.

대학교 1학년 설계를 할 때였다. 사이트 없이 전망대를 설계하라기에 굳이 노들섬에 찾아 그 곳을 사이트 삼아 전망대를 계획했다. 지금 생각하면 조한 교수가 좋아할 수 없을 시도였다. 어디든 장소가 필요했기에 찾은 곳이었지만, 그 섬에 아무것도 만들고 싶지 않았던 것이 당시 내 진심이기도 했다. 회색 옹벽으로 둘러쳐진 상단 공터 아래 아무런 관리 없이 무성하게 자라고 있던 갈대밭 중앙을 가로지르며 알 수 없는 짜릿함을 느꼈던 기억이 생생하다. 마치 도시 속에서 나만의 공간이 마련된 것 같았다. 번화한 뉴욕의 대로변 건물 뒷골목에서, 보라카이 섬의 화이트비치 반대편 온 섬의 쓰레기를 배출하는 항구 노동자의 집 귀퉁이에서, 라스베이거스의 호텔 지역을 벗어나 한적한 타운하우스촌을 걸으며 느꼈던 것처럼 노들섬의 갈대밭은 그런 주변성이자 나머지성의 만족을 선사해 주었다.

우리의 도시 서울에 중심이 차고 넘친다는 조한 교수의 말에 통감한다. 목적 공간만으로 가득 찬 도시는 얼마나 피곤한가. 그리고 그로 정의되는 서울의 감성은 얼마나 가짜인가.

내가 노들섬 하단 방파제에 걸터앉아 느낀 그 감정을 왜 서울이 선사하는 어떤 감성적 언어로 남겨 두질 못하는 걸일까.

마치며

얼마 전 노란 평상을 만들고 그 이전엔 연남동의 한 낡은 다세대 건물을 고쳤다. 난 이 두 작업이 맘에 든다. 누군가 좋아해 줘 맘에 드는 것은 아니다. 내가 나의 노동으로 계획 범주 바깥의 어느 대상을 수리하고, 모두 가려 덮으려고만 하는 대상을 공들여 닦았기 때문이며, 난 그 수리로 평평해진 평상과 닦여진 붉은 벽돌에 우리의 또 다른 나머지의 서울성이 존재한다고 믿고 있기 때문이다.

난 외연이라는 단어를 좋아한다. 어떤 대상의 외연을 탐색하다 보면 그 대상을 좀 더 잘 이해할 수 있게 된다. 난 서울을 이해하고 싶어 서울성의 외연을 자문하고 나머지를 둘러봤다. 그리고 같은 물음과 실행을 이어가는 동료들을 발견하고 싶었다. 밝고 순수한 서울성 중심에서 멀리 떨어져 어두운 변방의 가장자리를 더듬어 이 세계의 형상을 그리려 노력하는 시도들에서 교훈을 얻고 싶었다. 이 책이 우리가 사는 서울이라는 공간에 대한 균형 잡힌 좌표를 암시하고 그 위치의 의미를 이해하는 데 작은 도움이 되는 아름다운 벽화처럼 남을 수 있다면 좋겠다.

비공식적 역사를
예술로 기록하기

서정임

미술칼럼니스트

공공미술은 그간 공공 장소에 설치된 미술작품, 또는 기존 시설물들을 예술적으로 바꾸는 행위로 이해되어 왔으나, 오늘날에는 '공동체'에 주목하고 지역민과의 '소통과 교감(참여와 개입)'을 통해 공공성을 실현하는 것에 목적을 두고 있다. 1995년 이후 건축물미술장식품[1]이라는 제도가 생기며 공공미술이라는 용어가 사용되기 시작했다. 그러나 뉴장르 공공미술 또는 커뮤니티 아트 등으로 불리는 공공미술의 실질적 개념은 2006년과 2007년에 정부 정책의 일환으로 시행되었던 공공미술 프로젝트인 〈아트인시티(Art In City, 소외지역 생활 환경 개선을 위한 공공미술 사업)〉[2]를 비롯해 2007년 서울시의 〈도시갤러리프로젝트(창의도시, 문화도시를 만들고자 마련된 서울시 정책 사업)〉[3]로 촉발되었다고 볼 수 있다. 과거 장식 미술의 특징인 '어떤 공간에 어떤 작품을 가져다 놓을 것인가'에 대한 논의를 '예술이 사람들의 삶에 어떻게 참여하고 개입해 유익

---

1 문화예술진흥법 시행령 제9조, 제12조에 따라 1만 제곱미터(증축하는 경우는 증축되는 부분의 연면적이 1만 제곱미터) 이상의 건축물에 의무적으로 건축물 미술장식품을 설치해야 한다.
2 정부 주도의 소외 지역 생활 환경 개선을 위한 공공미술 사업인 〈아트인시티〉는 주민 참여에 기초한 공공미술의 새로운 모델 창출에 목표를 둔 프로젝트이다. 이 사업의 진행을 위해 초기 공공미술추진위원회가 출범되었다. 이 사업은 2007년에 종료되었다.
3 서울시의 〈도시갤러리프로젝트〉는 '도시+예술'의 새로운 노력을 미술뿐만 아니라 도시, 사회의 여러 문제를 인간적으로 성찰하기 시작한 문화사회와 공공미술의 징조로 파악해 공공미술의 개념을 공공장소에 놓이는 미술에서 시민의 공적 문화생활 속에 배치되는 미술로, 도시와 시민 공동체의 필요를 찾고 드러내는 소통으로, 시민 공동의 관심이나 이익을 찾아 삶의 질을 향상시키는 예술 행위로 확장하고자 했다.

하게 할 것인가'로 전환시키는 데 결정적인 역할을 했기 때문이다. 이 프로젝트들은 주로 주민과의 소통과 교감을 전제로, 문화 소외 지역이라 인식되는 낡고 사라져 가거나 도시의 발전으로 인해 외면되는 공간, 지역민 간의 갈등이 존재하는 장소를 대상으로 삼았다. 표현 방식에서도 주민과 함께 만드는 벽화, 공동체가 소통할 수 있는 편의 공간, 간판, 표지판 등의 영구 설치물, 사진 찍기와 추억 만들기와 답사 등 체험 및 교육프로그램, 그리고 그 결과물들을 결산하는 방식의 아카이브(도큐먼트) 전시를 했다. 즉, 실제 삶의 공간에서 지역민과 상호작용하는 커뮤니티의 장으로 나아가야 한다는 전제로 인해 이전의 미술장식품과는 다른 양상을 취할 수밖에 없었던 것이다.

2006년 당시 공공미술에 관한 논의가 어떠한 식으로 전개되었는지는 〈아트인시티〉의 평가보고서에서 간단하게 살펴볼 수 있다.

공공 미술은 공적 공간 및 공공성을 기반으로 한 개념이다. 사적 공간과 공적 공간이 구별되기 시작한 시점은 바로 자본주의의 출발과 궤를 같이한다. 자본주의적 공장제가 대도시에 등장하기 이전에는 사실 사적 공간과 공적 공간이 명확히 구별되지 않았다. 즉 쉬는 곳과 일하는 곳은 하나의 장소성을 점유하고 있었다. 그러나 자본주의적 생산 체계가 등장하고 또 이를 중심으로 대도시가 형성된 후, 대도시에서의 삶은 사적 공간에서의 삶과 공적 공간에서의 삶으로 정확히 구별되었다. 그럼에도 불구하고 공적 공간에 대한 명확한 개념 규정을 내리기 어렵다. 다시 말해서 단순한 관공서, 학교, 기관 등등의 시설물들과 거리 등을 공적 공간이라고 규정을 내려야 하는지, 또는 공공성이라는 개념을 중심으로 공공 영역이라는 개념을 중심으로 규정을 내려야 하는지 모호한 실정이다. 현재는 이 두 개의 개념이 공적 공간이라는 개념으로 다 사용되고 있음을 알 수 있다.

기관과 시설물 그리고 거리를 포함하고 또 공공성이라는 개념을 아우르는 공적 공간의 문제는 바로 공적 공간의 역할 문제를 제기한다. 공적 공간은 이 공간을 사용하는 대중들에게 어떤 의미가 있으며, 또 어떤 역할을 하는가의 문제 말이다. 공적 공간은 사적 공간과는 다르게 불특정 다수의 대중들이 사용하는 공간이다. 또 현대를 살아가는 대중들은 사적 공간만큼 공적 공간에 노출되어 있는 시간이 많다. 따라서 공적 공간은 그 공간을 살아가고 있는 대중들에게 불쾌한 공간이 되어서는 안 된다. 공적 공간은 공적 공간으로서 대중들에게 문화적 체험을 줄 수 있는 공간 자체가 되어야 한다. 또 이러한 요구들은 현재 다방면에서 제기되고 있다. 즉 디자인과 환경 개선 등의 문제라는 형식으로 말이다.

공공 미술 또한 이러한 요구에서 비롯된 것이다. 공공 미술은 공적 공간에 대한 일종의 새로운 문화 예술적 시도라고 볼 수 있다. 공공 미술은 '공공성을 띤 미술'이다. 개인이 개인의 취향에 따라 선택하고 이를 향유하는 미술이 아닌 것이다. 따라서 공공 미술은 무엇보다도 '미술과 사회의 소통'이라는 문제를 내포하고 있다. 공공 미술은 어떤 방식으로 사회와의 소통을 모색하는가? 모색하는 방식에 따라 공공 미술에 대한 여러 가지 정의가 가능하다. 공공 미술에 대한 가장 일반적인 정의이자, 일반적인 실현 방식은 바로 '공공 장소 속의 미술'이다. 즉 공적인 장소와 건물 등에 설치 또는 전시된 미술품들이 바로 공공 미술이다.[4]

---

4 '공공 미술에 대한 정의', 『2006 소외지역 생활환경 개선을 위한 공공미술 사업 평가보고서』(문화관광부, 예술경영지원센터, 2007.2) p.99.

그런데 이러한 평가보고서의 공공미술에 대한 정의 중 주목할 것이 있다. 바로 사적 공간과 공적 공간에 대한 논의이다. 이 보고서는 공공미술이 '공공성'의 문제를 보다 적극적으로 제기하기 위해 공적 공간에 주목해야 한다고 말하지만, 실제로 실행된 몇몇의 공공미술 프로젝트들은 사적 공간과 공적 공간의 구분이 모호한 지점에서 사람들의 삶을 시시콜콜한 것까지 자세히 살피고, 이를 통한 잡다한 지식을 기록으로 남기려고 노력했다. 작가들은 사회의 구성원으로서 어울려 살려는 성향과 철저히 개인으로 단절되어 자기식으로 살고 싶은 욕망을 발견하고, 도덕적 주체로서의 개인과 규범을 벗어나려는 감정적 개인의 갈등을 수면 위로 드러내며, 다수의 의견 속에서 소극적으로 또는 적극적으로 자유를 주장하는 개인의 이야기를 시각 이미지로 구현하고자 했다. 즉, 예술가들에 의해 수집된 사소한 역사들의 모음은 기념비적으로 기록된 역사 속에 묻혀버린 개인의 삶을 복원하면서 구체적 개인을 통해 역사적 리얼리티의 관계망을 들여다볼 수 있게 한 것이다.

　　지역의 사소한 역사와 개인의 구체적 삶에 주목한 공공미술 프로젝트들, 특히 서울에서 실행됐던 미시사적 시각의 공공미술 프로젝트들은 나의 관점[5]에서 크게 세 가지로 나누어진다. 첫 번째는 보편적 주택 유형인 공동 주택에 사는 개인들에 주목한 프로젝트들이다. 2007년 〈아트인시티〉 사업 중 하나인 〈성산 SH-무지개 마을 미술잔치〉는 서울시의 첫 영구 임대 아파트인 마포구 성산동 아파트 7개 단지에 주목했다. 이 곳은 거주하는 주민들의 35%가량이 기초생활수급자일 정도로 서울의 대표적인 저소득층 밀집 지역이다. 게다가 장애인, 노인, 한 부모 세대가 많아 사회복지 서비스에 대한 요구가 높은 편에 속한다. 이에 작가들은 생활 공간에 대한 주민들의 관심을 일깨우고 지역문화의 자발적 주체로 나설 수 있는 환경을 조성하려 했다. 사진 교육 프로그램 및 사진전, 미술도예교실 및 벤치 꾸미기 작업인 주민 참여 프로그램, 에너지 프로그램, 바닥, 표지판, 화단, 재활용센터 새로 꾸미기, 마을지도 표지판 등이 그것으로, 이러한 주민 참여 프로그램은 다층적 공동체로 구성된 임대 아파트의 일상 공간이 의미 있는 공동체적 장소로 바뀌는 과정을 살펴볼 수 있게 했다.

같은 해에 실행된 〈공동체 미술을 가꾸다〉는 빌라와 다세대 주택들이 밀집된 신림3동을 대상으로 한다. 이 프로젝트는 사업을 진행하는 작가들이 일방적으로 해당 지역을 판단 및 분석해 작업을 설치하는 것이 아니라, 그 곳에 거주하는 아이들과 주민들의 일상과 흐름, 요구와 패턴을 함께 따라가면서 최대한 지역의 상황에 적합한 작업을 구상하는 것을 기본으로 했다. 이러한 접근 방식으로 인해 작가들은 신림3동에

5 마침 내가 미술잡지 기자 일을 시작하던 시기인 2006년에 관 주도의 공공미술추진위원회가 만들어졌고, 참여형 공공미술에 대한 논의가 확산되면서 2년 동안 펼쳐졌던 〈아트인시티〉와 〈도시갤러리 프로젝트〉의 여러 프로젝트들과 그 외의 크고 작은 공공미술들을 직접 경험할 수 있었다. 그래서 이 글 역시 그 시기에 국한되어 설명할 수밖에 없는 한계가 있다.

보통미술 잇다
성산SH아파트 공공미술 프로젝트
〈아트인시티〉
2007

아이들이 문화를 만들어갈 만한 공간이 없는 상황임을 읽어내고 교육 영역, 생태 영역, 놀이 영역, 재활용 영역이라는 네가지 주제로 범주화해 사업을 실행했다. 이는 공동 주택 속 구체적 개인을 하나하나 추적 및 밝혀내면서 이를 단순 기록이 아닌, 계속해서 수집되는 기록으로 제안되었다.

〈동네예술가 프로젝트: 예술로 일촌 맺기〉는 공동 주택의 비중이 큰 망원동과 성산동 일대를 대상지로 정해 잠재되었던 시민의 요구를 어떻게 수용하며 어떤 솔루션을 제시할 것인가에 대한 방법과 모델을 개발하는 것에 초점을 맞추었다. 참여 작가들은 망원동 유수지에 동네예술가 센터를 만들고 바로 앞 공터에 동네목공소를 차려 주민들의 실질적인 요구와 접속하기 시작했다. 마을 게시판을 만들거나 어린이집의 삭막한 모래밭 주변에 그림을 그려 주고, 가림막을 설치하는 등 주민 생활 공간과 관련된 구체적인 일들을 해 나갔다.

두 번째는 70~80년대 한국의 고속 성장의 궤를 같이하던 산업의 메카였으나 이제는 과거로 묻혀버린 장소들을 발견하고 그 곳에서 오랜 시간 종사해온 개인들에 주목한 프로젝트들이다. 예술가들은 소규모 공동체의 개개인들을 추적하면서 그들의 행적과 관계망을 구체적으로 밝히려고 했다. 일례로 2008년 플라잉시티는 도시갤러리 프로젝트의 일환으로, 청계천로 인접 중구 입정동에 있는 600여 개의 공구상가라 불리는 작은 금속공방들의 존재 양식과 기술적 상상력, 그리고 입정동의 일과 생활, 공간, 역사의 조사를 바탕으로 입정동 기술자들의 참여를 통한 아카이브 〈청계천 2008 컬렉션 무쇠구름〉을 진행했다. 도시갤러리 프로젝트의 설명에 의하면 "이 프로젝트는 낡고 시대착오적이라고 여겨지는 특수산업단지들이 정말 그렇게 도시 혐오 시설로 분류되어 폐기 처분이 될 만큼 무가치한 것인지를 반문해 보고, 그 안의 문화성과 생생한 커뮤니티를 공공적 차원에서 다시 한번 만나보자는 취지에서 출발"된 것이었다. 플라잉시티는 물품의 콜렉션과 박물화라는 기존의 아카이빙 방식을 넘어 일종의 움직이는 키네틱 작품으로 로우테크에 기반을 두고 살아가는 모든 손 노동자, 기술자의 이야기를 전달하는 방식을 취했다. 또한 수년간의 리서치와 작업을 담은 책『생산자의 표류』를 제작해, 사소한 부품에서부터 크고 작은 개발품들, 기술 습득과 개발의 여러 에피소드, 공방들 간의 네트워크와 일하는 방식의 진화 등 입정동의 실체를 파악할 수 있는 이야기들을 담았다. 이는 청계천 기술자들의 삶과 함께 한국 산업화 과정에 대해 재조명하는 기회를 만들었다고 볼 수 있다.

2007년에 진행된 동화시장 프로젝트 〈동화童話, 세상에서의 모든 의류부자재 동화同和에서 찾다〉는 동대문 시장을 배경으로 한다. 기획자 및 작가들은 시장이라는 공간이 정情을 통하는 장소라는 측면과 함께 기술을 파는 시장이라는 점에 주목했다. 당시 파란색 직사각형의 커다란 건물 내에는 700여 개 점포 2,000여 명의 상인들이 상주하고 있어 매우 혼잡하고 복잡할 뿐만 아니라 복도에는 물건이 빼곡히 쌓여 있고 실내에는 장식 하나 없이 무채색의 페인트로 도장 되어 있었다. 그래서 그들은 먼저 상인들을 대상으로 동화시장에 필요한 것이 무엇인지 묻는 인터뷰와 설문조사를 시행한 후 그것으로부터 도출된 자료를 통해 1층부터 5층까지 시장 상인들의 이야기를 담은 벽화를 곳곳에 설치했다. 상인들이 스스로의 삶을 돌아보고 그곳을 찾는 사람들 역시 이곳의 역사가 어떠한 개인들에 의해 만들어졌는지를 알 수 있게 했던 것이다.

세 번째는 도시의 발전에 따라 그 공간을 점유하는 사람들의 이동과 삶에 주목한 프로젝트들이다. 이 프로젝트들은 도시를 특징짓는 기능이 바뀜에 따라 기존에 형성되었던 주거 층이 빠져나가고, 그 빈자리를 채운 사람들에 의해 바뀌게 되는 도시의 변천 과정에 자리한 개인의 이야기를 들을 수 있게 한다.

작가 이수영과 리금홍은 2009년부터 가리봉동 조선족 문화를 기록하는 작업(가리봉 엔벤 타운 3부작)을 해 왔다. 가리봉동은 1960년대 구로공단이 조성됨에 따라 시골에서 올라온 노동자들에 의한 쪽방촌이 형성되었던 곳이다. 이후 구로 디지털산업단지로 변모하면서 노동자들이 빠져나간 쪽방촌을 조선족들이 차지했고, 자연스럽게 조선족 음식점, 조선족 시장이 생기면서 조선족 타운이 형성되었다. 이러한 역사에 주목한 그들은 처음 '가리봉동 진달래 반점'을 진행, 2009년 10월부터 2010년 2월까지 가리봉동의 복래반점, 진달래냉면, 송화강 노래방 등을 돌아다니며 기록했다. 그들이 먹은 초두부, 언감

플래닝미도
동화童話, 세상에서의 모든
의류부자재 동화同和에서 찾다
서울시 도시갤러리 프로젝트
2007

자 밴새, 토닭곰, 짝태 등과 가리봉 시장에서 산 줄콩, 고수, 건두부, 회향 등까지, 진달래 반점에서 아주머니의 숙주나물 볶고 만두 빚는 얘기와, 연변에서 어린 시절 소를 잡아 끓여 먹던 이야기 등을 녹취하였고, 여러 조선족 식재료와 음식은 사진으로 찍어 '가리봉동 진달래 반점' 자료집을 만들었다. 2010년 4월 25일부터 5월 7일에는 가리봉동에서 발견한 양고기 꼬치구이를 발단으로 〈서쪽으로 다시 오백리를 가면〉을 진행했다. 이들은 양고기의 고향을 쫓아 비행기, 기차, 버스를 타고 중국 연길시를 지나 신장투루판, 우루무치, 카슈가르까지 갔다. 초원 유목민의 양고기가 가리봉동의 한 식당을 거쳐 입으로 건너온 행보를 거슬러 간 것이다. 그 길목에서 작가들은 매번 새로운 곳에서 삶을 살아내는 조선족들을 만났다. 2010년 5월 14일부터 6월 14일까지의 〈가리봉동 동네 한 바퀴〉는 가리봉동 쪽방 살림 프로젝트이다. 작가들은 쪽방을 한 달간 얻어서 가리봉동을 몸으로 기억하고자 하는 손님을 초대했다. 이들은 남구로역 3번 출구부터 정해진 길을 따라 쪽방으로 도달하도록 유도했다.

　　2006년 아트인시티의 〈철산동 프로젝트〉의 대상지인 광명 철산동은 서울 지역은 아니지만, 서울과 밀접한 공간이다. 왜냐하면 서울에서 밀려오거나 밀려난 사람들의 역사를 고스란히 간직했기 때문이다. 넝쿨도서관에서 2006년에 진행된 사업 〈타임캡슐〉은 철산동이 가지는 문화적 의미를 여러 방법을 통해 구현하고자 작가와 주민들의 교류 과정을 타임캡슐화하여 기록, 저장, 재생할 수 있도록 했다. 10개의 상점을 치장하고 계단, 벽화, 텃밭을 쉼터로 꾸몄다. 이발소, 헤어숍, 세탁소, 음식점, 슈퍼 등 상점을 문화공작소로 변신시켰고 삶의 도구인 주차금지를 각색했다. 1980년대 무허가 연립주택에 아이들과 모자이크를 만들고, 자투리 공간을 활용한 〈지형도〉를 만들었다. 그리고 마지막에는 재개발을 앞둔 철산4동의 자료를 조사해 알림판을 만들고 타임캡슐을 정자 밑 땅에 묻어 40년 역사를 보존했다.

서울시 성북구 석관동 황금시장에서 진행된 프로젝트 〈황금꽃이 피었습니다(황금시장 황금시대)〉는 골목형 시장을 무대로 사는 상인들과 주민들의 삶에 주목했다. 황금시장은 사람들이 많이 다니는 주택가를 가로지르며 형성된 전형적인 골목 시장이다. 또한 이 곳 주변은 좁은 골목길 사이로 낡은 집들이 늘어서 있는데, 산업화 과정에서 지방에서 올라온 사람들 또는 다문화 가정들이 주로 정착해 있다. 그러므로 좁은 골목길이 모아지는 큰 길의 척주에는 자연스럽게 생활 밀착형 골목시장이 형성될 수밖에 없었다. 이에 작가들은 이러한 황금시장을 둘러싼 동네 사람들의 역사에 주목하면서, 그들의 삶을 상가 셔터, 공동 공간의 타일 벽 등에 유머러스한 그림으로 표현했고, 시장 내에 커뮤니티 공간과 공방 등을 만들어 지역민과 예술가들의 즐거운 반란이 가능하도록 만들었다.

미시사적 시각으로 개인과 공동체의 삶을 조명하는 공공미술 프로젝트들은 공공미술이 그동안 중시해 왔던 특정 장소 속 공동의 기억을 소환하고 공동의 삶을 마주한다는 점에서, 공공성이라는 개념과는 반대되는 개인의 삶에 집중할수밖에 없었을지도 모른다. 왜냐하면 프로젝트는 소통과 교감을 전제로 특정 대상지를 정해 왔고, 그 특정 장소는 사람이 살아가는 곳이며 그 곳에서 살아가는 사람들의 삶을 틀 지우는 형식이자 사람들에 의해 생산되고 변경되며 의미가 매겨지는 공간이기 때문이다. 그리고 이것은 대상을 줌으로 당겨보며 특정 공동체나 개인의 특이한 행동들을 촘촘하게 기술해 그 스스로가 스스로의 정체성을 발화하도록 돕고, 개개인 혹은 공동체의 층위에서 구체적으로 어떻게 경험되었는가를 중시하며, 사회를 문화적 텍스트로 간주하는 등 미시사적 서술 방식과 유사하다는 점에서 이 프로젝트들을 공공미술의 범주가 아닌 다른 범주로 조명해 볼 필요가 있다.

비평가의 추적

타이거마스크의
기원에 대한
학술보고서[1]

김기찬에 의거하여   이영준 / 한금현 / 박철수

기계비평가 / 사진연구원 / 건축가

ⓒ 최경자

* 키포인트: 김기찬의 사진 1만 장을 아카=이빙 하면서 새롭게 드러난 진실들에 대해 얘기한다. 그 진실들은 사진과는 다른 평면에서 작동하면서 작가가 개인적인 관심사를 가지고 찍은 사진을 역사적 차원으로 연결시키기도 한다. 그것은 또한 역사적 다큐먼트인 사진에 얽힌 기억을 재편성해서 다시 써 넣는 가능성을 보여주기도 한다.

빨간 목소리

[A 액팅]

[V 영상/이미지]

[S 사운드]

[L 조명]

+추가 예정

[V 하우스오픈 영상: 타이거 마스크 위주의 각종 애니메이션 루핑 20분]

[L circle]

1 이 글은 2016년 12월 16일과 17일, 플랫폼-엘 컨텐포러리 아트센터에서 열린 공연 〈타이거마스크의 기원에 대한 학술보고서−김기찬에 의거하여〉를 정리한 것이다. 주제는 평생 골목길을 찍어온 사진가 김기찬¹⁹³⁸⁻²⁰⁰⁵의 작업에 대한 재해석이다. 이 공연은 학술보고서의 형식으로 개최되었는데, 일반적인 학술발표는 매우 진부한 형식을 띠고 있어서 새로운 내용을 담는데 적합하지 않다고 판단해, 공연의 형식으로 진행되었다. 공연은 평론가(이영준), 사진연구원(한금현), 건축가(박철수) 세 사람이 출현하여 각자 자신이 알고 있는 김기찬 사진과 골목길에 대해 얘기했다. 입체적으로 구성된 사진 슬라이드쇼가 공연의 배경을 이루었다. 이들의 얘기는 평소 이들이 해오던 연구에서 온 것들이다. 따라서 공연은 내용적으로는 학술 발표를 담고 있다. 김기찬은 흔히 '골목길 사진가'로 알려져 있었지만, 이 공연은 그의 사진을 서울의 도시발전사와 맞물려 있는 역사적 기록으로 보면서 도시 개발과 사진의 관계라는 중층적인 면을 보여줄 수 있는 입체적인 심포지엄으로 전개되었다.

[A 이영준: 걸어 나와 리모컨으로 영상을 끈다]

[S 띠리릭: 리모컨 사운드]

타이거마스크의 기원에 대한 학술보고서에 참석해주신 여러분 반갑습니다. 오늘의 학술보고서는 이 한 장의 사진으로 출발합니다.

[L defaut]

[V ppt1] 1971년 얼굴에 호랑이 가면을 쓰고 노는 아이들이 있었습니다.

지금은 50대가 됐을 이 아이들은 왜 호랑이가면을 쓰게 된 걸까요?

[S 타이거마스크 BG]

그 이유는 〈타이거마스크〉라는 일본 애니메이션이 당시 티브이에 방영됐기 때문이지요.

[V 해당하는 만화 스틸컷 스프레드] 당시의 티브이에는 〈마린보이〉, 〈요괴인간〉, 그리고 애니메이션의 거장 데쓰카 오사무의 〈우주소년 아톰〉, 〈밀림의 왕자 레오〉, 〈사파이어 왕자〉 등의 일본 애니메이션이 가득 채우고 있었습니다.

[V ppt3] 〈타이거마스크〉는 〈거인의 별〉, 〈내일의 죠〉 등으로 유명한 카지와라 잇키 원작 만화입니다. 애니메이션으로 만들어져 1969년부터 1971년까지 총105화가 방영됐습니다.

그런데 왜 호랑이가면 쓴 레슬러죠?

저는 이것을 일본 사람들이 가진 뿌리 깊은 호랑이 콤플렉스라고 보고 싶습니다. 일본에는 호랑이가 없습니다.

정말 한 마리도 없었나요?

(…) 일본에 서식하는 가장 용맹스런 동물은 곰입니다. [곰사진][S 곰 우는 소리] 그래서 일본은 호랑이의 결핍을 용감한 레슬러의 이미지로 보충 받으려는 것으로 해석할 수 있습니다. 호랑이 결핍에 대한 대응으로 일제는 강점기 때 한반도의 호랑이들을 모두 멸종시켰는지도 모릅니다.

[V 호랑이 사냥 사진]

『정호기』, 일제강점기 한 일본인의 한국 호랑이 사냥기
이 책에는 다음과 같은 노래가사가 등장한다.
"일본 남아의 담력을 보여 주자
루스벨트 그 무엇이랴
호랑이여 오라
호랑이 덤벼라 표범 덤벼라 늑대도 곰도 덤벼라
안 나오면 쏘겠다 오연발로
호랑이여 오라
올해는 조선 호랑이를 모두 사냥하고
내년에는 러시아의 곰을 사냥하세"

[S 비행기 소리]

[V ppt4] 진주만 공습 때 공격 신호였던 '도라도라도라!'의 도라는 호랑이라는 뜻입니다. 존재하지 않던 호랑이는 엄청난 힘의 상징으로도 쓰였던 것입니다. 그럼 도라에몽은요? [V 도라에몽 사진] (일본어로 얼룩고양이가 도라네꼬인데, 그래서 지어진 이름으로 추정됩니다.)

ⓒ 최경자

　이영준 / 한금현 / 박철수

[V 오니츠카타이거] 일본에서는 오니츠카 타이거라는 스포츠 패션 브랜드도 있고요.

36년간 식민 지배를 받으면서 조선은 일본의 콤플렉스 구조도 받아들이게 된 것 아닐까요?

[V 타이거케미슈즈]

한국에는 범표 타이거케미슈즈가 있죠. 이 사진에서 배경에 여의도 시범아파트가 나오는 것은 의미심장합니다. 당시 가장 선망의 대상이 된 아파트였거든요. [V 호돌이] 88 서울올림픽 마스코트로 호돌이라는 이름의 호랑이가 쓰이긴 하지만 한반도에도 호랑이가 없는 건 마찬가지입니다. 결국 호랑이는 한국이나 일본에서 다 결핍의 상징이었습니다. 아이들은 그런 사정도 모른 채 호랑이마스크를 쓰고 열심히 놀았습니다. 아이들이 놀던 골목길도 그런 결핍의 공간이었을까요? 아마 개인적인 결핍보다 더 거대하고 무서운 일이 벌어지고 있는 건 아닐까요?

[V 김기찬 초상] 타이거마스크를 쓴 아이들을 찍은 사람은 골목길 사진가로 유명한 김기찬입니다. 그는 인정이 넘치는 골목길을 39년간 찍었습니다.

[V 아이들-타이거마스크] 사진 병치

그러고 보니 김기찬의 사진에서 아이들이 왜 이런 것을 발에 차고 놀았는지 몰랐었는데 타이거마스크와 연관해서 보니 금세 수수께끼가 풀리는군요.

　잠깐만요! 도대체 김기찬이 누구죠?

[V 김기찬] 골목길 사진가로 유명한 그는 1938년생이고요, 동양방송국의 영상제작국 부장이었으며, 주말마다 중림동, 행촌동, 도화동 등 골목길을 찾아 다니며 사진을 찍었고, 2005년 작고하기 전까지 5만여 점의 사진을 남겼습니다.

[V 14권] 총 14권의 책을 통해 골목길을 찍은 사진이 유명하죠.

[V 김기찬 대표 사진 5장 추가] 김기찬이 사진 찍은 39년은 균질한 시간이 아니었습니다. 김기찬의 사진에는 골목길의 정서 이상의 굴곡들이 있습니다. 지금부터 그 굴곡의 주름들을 하나씩 펼쳐 보이겠습니다. 김기찬으로 하여금 골목길을 찍게 만든 힘은 어떤 것이었을까요? 거기에는 김기찬의 지극히 개인적인 동기도 있지만 좀 더 큰 역사적인 동기도 있습니다. 그는 처음 사진을 찍던 순간을 다음과 같이 회상합니다.

[퇴장] [V 블랙스크린]

"1966년 가을 어렵사리 카메라 한 대를 장만해 사진을 찍는답시고 서울역 주변을 맴돌았다. 역전에서 염천교까지는 노점상들이 길 양쪽으로 진을 치고 있었다. 두루마리 김밥 장수부터 시작해서 팥 시루떡에 인절미 등등. [V **사운드 시작**] 긴 시간 완행열차에 시달린 촌노들이 [V 클로즈업 영상 시작] 허기진 배를 채우려 길가에 쭈그리고 앉아 꾸역꾸역 맛있게 먹기도 했다. 모두가 가난에 찌들은 모습이지만 발걸음은 바빴고 힘차 보였다. 나는 이들을 지켜보면서 단편적이기는 하지만 이 시대의 사회적 풍경이라고 생각하면서 역전을 지나치는 군상들을 기록하기 시작했다. 어느 해 늦은 봄 이들의 생활터전을 찾아들었던 곳이 중림동 골목이었다. 골목은 손수레 하나 지나칠 정도로 비좁았지만 화사하고 따뜻해 보였다. 아이들은 빈 병, 헌 고무신짝을 들고 엿목판 주위로 까맣게 모여들었다. 골목 안은 가난해 보였지만 사람 사는 냄새와 온기가 가득 차 있었다. 고향에 온 기분이었다. 순간 나는 이 골목이야말로 내 평생의 테마라고 마음속에 못 박고 그 큰 제목을 골목 안 풍경이라고 했다."

[V 클로즈업 영상 종료]

[V 김기찬의 사진과 서울 개발 (소제목)]

김기찬의 사진과 서울 개발

[V ppt. 10-18 페이드인]

김기찬이 평생 찍은 사진을 하나의 내러티브로 엮는다면 그 것은 서울이 근대 도시로 성장해온 과정 전체를 담고 있다고 할 수 있습니다. 일단 사진은 서울 주변 경기도 광주군, 양주군 등의 농촌 공동체에서 시작합니다. 김기찬은 소박한 초가 집이 있는 농촌의 삶을 찍습니다. 이 사진만 보면 단순히 농촌 풍경을 찍은 사진가로 인식되지만, 김기찬은 이후 한국의 도시와 그 주변의 농촌, 빌딩이 생기는 과정, 도로가 생기는 과정, 골목이 생기는 과정, 사라지는 과정 등 도시화의 다이내믹한 과정을 찍는데, 농촌 사진은 그 시발점일 뿐이었습니다.

[A 폭파 장치 설치]

ⓒ 최경자

이영준 / 한금현 / 박철수

[V 김현옥] 김기찬이 본격적으로 사진을 찍기 시작한 1966년 중요한 일들이 일어납니다. 우선 저돌적으로 개발을 밀어붙여 별명이 불도저인 김현옥이 서울 시장에 취임합니다.

[V 건설 ppt] 그에게는 모든 것이 건설이었습니다.

가정 환경도 건설, 윤리 및 도덕도 건설, 건설 건설 건설.

[L 사이렌][S 사이렌]

   5, 4, 3, 2, 1.

[A 폭파] [V 폭파 영상+대한뉴스]

서울 시내의 도로정비사업이 활발한 가운데, 서울시의 인구는 200만에서 400만으로 폭발적으로 늘었고요. [영상 OUT]

[V 그래프 챕터 총 5개]

34 서울시 인구 증가 그래프

43 서울시 면적 증가 그래프

57 무허가 건물 처리 통계 그래프

64 가구당 인구수 그래프

97 주택 유형별 변천 그래프

[V 법문]

또한 서울시와 위성도시를 함께 묶어서 개발하는 도시재개발법이 제정됩니다.

    도시재개발법 제4조 개발구역의 지정. 건축물이 노후, 불량하여 그 기능을 다 할 수 없거나 [S 사운드 오버랩] 건축물이 과도하게 밀집되어 있어 그 구역 안의 토지의 합리적인 이용과 가치의 증진을 도모하기 곤란한 지역을

이영준 / 한금현 / 박철수

재개발 구역으로 지정한다.

[V 삽질 영상]

김현옥 시장이 건설만큼 강조한 것은 속도였습니다. (속도였습니다 playback)

그는 도시의 속도를 높이는 각종 정책들을 몰아붙이듯 시행합니다. (copy, reverse)

취임한 그 해에 미아리 고개 4차로 확장 개통.

무악재 6차로 확장 개통.

강변1로 착공.

느린 속도의 전차는 도시 교통에 방해가 된다는 이유로 철거.

1969년에는 남산 1, 2호 터널 연이어 착공. 비트 멈춤

[V 영상 OUT]

그러나! (그러나! reverb)

1970년 와우아파트 붕괴

[S 붕괴 사운드] [V 붕괴 영상] [L 암전]

[A 붕괴된 아파트에 깔린 사람처럼 바닥에 누워 있다]

거기 누구 없어요? 없나요? 괜찮아요?

[L blue circle fade in]

[A 옷을 털고 일어나면서] 저는 괜찮습니다만, 붕괴사고로 33명이 사망하고 38명이 부상당했습니다. 이 사건으로 김현옥은 시장직에서 물러납니다. 자신이 추구하던 속도에 발목이 잡힌 것이죠.

[L blue circle fade out] × [L defaut]

[V 26-30] 김현옥 시장은 물러났지만 재개발은 여전히 진행됩니다. 도시재개발법이 제정되면서 달동네에 있는 불량 주택을 정비하고 거기 살던 사람들을 시 외곽으로 쫓아냅니다. 그래서 생긴 대표적인 도시가 성남입니다. 성남은 청계천 판자촌에 살던 사람들이 판자촌이 철거되면서 강제 이주된 곳이지요.

[서울시 주택 유형별 분포도]

나머지 사람들은 종로구, 서대문구, 마포구, 중구의 산동네 골목을 이룹니다. 그 곳이 김기찬이 사진 찍어 유명해진 골목들입니다. 그리고는 그 골목들은 아파트를 짓기 위한 재개발로 파괴됩니다.

서울의 하층 계급 사람들은 두 번 쫓겨난 것입니다. 이 과정이 골목길에서 보이는 따스한 모습들을 프레임처럼 둘러싸고 있습니다. 김기찬은 그런 과정 전체를 사진 찍었습니다. 우리에게는 그 중 골목길 사진만이 가장 알려져 있는 것입니다.

[V 노스탤지어로서의 김기찬 (소제목)]

　　노스탤지어로서의 김기찬. 노스탤지어는 왜 문제가 될까?

[V 19,24] 흔히 김기찬은 따뜻한 골목길 사진을 찍은 노스탤지어 작가로 읽히는데 저는 그것에 반문을 제기합니다.

두 가지 문제가 있습니다. 첫째는 노스탤지어는 과거를 돌아가고 싶은 아름다운 것으로 기억하게 만듭니다. 그러나 김기찬의 사진에 나타나는 과거는 우리가 돌아갈 수도 없고, 돌아가서도 안 되는 시간입니다.

[V 6월 항쟁 영상] [A 호언철폐독재타도 이후 나레이션 시작]

1970년대와 80년대를 거쳐 한국은 군사독재 사회.

언론의 자유나 인권의 개념은 극히 희박.

비단 소수의 독재자만을 말하는 것이 아님.

당시는 만인이 만인을 향해 거칠게 투쟁하던 시대.

[S 전환 음악]

저는 1979년에 종로1가에서 여러 명의 수도경비사령부 군인들이 다른 군인을 둘러싸고 마음 놓고 두드려 패는 장면을 목격했습니다. 주변의 시민들은 서슬 퍼렇고 살벌한 분위기에 아무도 그들을 말리지 못했습니다. 어쩌면 격투기를 즐기듯 구경하고 있었는지도 모릅니다.

[V 연탄 사진] 그 당시 사진의 프레임과 골목길이라는 프레임에 이중으로 둘러싸여 [V 골목길 고단함2] 있는 골목길 사람들의 삶은 [V 골목길 고단함3] 일용직 건설 노동이나 행상 등 힘든 노동으로 하루하루 [V 골목길 고단함4] 생계를 잇는 팍팍한 것이었습니다. 그래서 골목길은 되돌아가고 [V 골목길 고단함5] 싶은 아름다운 과거와는 거리가 있는 곳이었습니다.

[V 똥간] 사진으로 찍을 수 없는 것이 있습니다. 바로 냄새입니다. 오물 처리를 하는 구멍입니다. 골목길에 대한 노스탤지어는 이 냄새 때문이라도 반대하는 입장입니다.

[V 항공 사진] 김기찬에 대한 글은 모두 사진의 따스함을 찬양하고 있는데, 저는 비평적으로 해석하지 않고 따스함을 즉자

적으로 찬양하는 것은 문제가 있다고 봤습니다. 따스함이란 차가움이 있을 때 반대급부로 성립하는 것입니다. 김기찬 사진에 따스함이 있을 때 그에 대한 반대급부인 차가움은 어떤 것이 있을까요? 두 가지 차원에서 말할 수 있습니다. 하나는 사진의 차가움입니다.

김기찬이 골목길에서 사람들과 체온을 나눌 정도로 가까이서 사진을 찍을 때 항공 촬영은 차가운 시선으로 높이서 골목길을 내려다 봅니다. 그런 사진은 어디가 정비의 대상이고 어디서부터 어디까지 언제 어떤 식으로 정비할 것이냐에만 관심 있습니다. 그 시선에는 사람은 보이지도 않고 관심도 없습니다. 이런 차가운 시선은 두 번째 차원인 차가운 계산과 정책으로 이어집니다.

[V 세운상가] 그것들은 도시개발로 어느 정도의 경제적 가치가 창출되느냐, 도시공간의 효율은 얼마나 제고되느냐에만 관심 있습니다. 결국 골목길의 따스함이란 그런 가치들과 대비되어 해석될 때만 의미가 있는 것입니다.

그럼, 좀 더 현실적으로 김기찬의 사진을 보게 한 요인을 알아보자.

[영상 OUT]

[V 아카이빙의 방법과 의의]
아카이빙의 방법과 의의
한금현 – 현재 상지대 예술체육학부 조교수, 아시아문화원

전 사진 아카이브 책임연구원

1. [V 영상 IN]] 김기찬 사진을 아카이빙 하셨다면서요.
어떻게 하게 되었고 왜 김기찬이었습니까?

사실은 김기찬 외에도 3명의 사진가가 더 있습니다. 김한용,
이경모, 강봉규 작가의 사진도 같이 수집했습니다. 이들은
1950년, 60년 당시 활발히 사진 작업을 하셨던 한국의 원로 사
진가들로, 보도기자, 광고사진가, 작가 등 다양한 분야에서 활
동하신 분들입니다. 당시는 필름으로 작업하였고, 이들의 필
름을 시급히 보존해야 할 필요성이 있었습니다.

필름 보관은 적당한 온도와 습도를 유지하여야 하고 햇빛과
먼지로부터 안전해야 하는데 대부분의 원로 사진가들은 자신
의 필름을 보관하는 데 있어 물리적인 공간도 열악하였고, 수
만 장의 사진을 정리하지 못한 채 방치하는 경우가 많았습니
다. [필름 쌓아놓은 사진]

작가들은 자신이 평생에 걸쳐 찍은 사진의 필름을 창고에 방
치해 놓은 상태이고 곰팡이가 슬었거나 햇빛과 습기에 노출
되어 필름이 거의 소멸될 지경에 놓여 있었습니다. 이들 작업
은 작가 개인의 작업이기도 하지만 한국의 1950~60년대를 기
록한 시대적 자료로서도 가치가 있는 사진들이라 국가적인
차원에서 이를 디지털 스캔해서 보관해야 할 필요성을 느꼈
습니다.

그러던 차에 아시아문화원에서 아카이브 전문 기관이 생기면
서 저는 그 곳에 사진 아카이브를 구축해줄 것을 의뢰 받았습

니다. 저에게 주어진 키워드는 '근대화'였고 장르에 구분을 두지 않고 사회문화적 현상을 기록하고 문화예술적으로 의미있는 모든 종류의 사진을 아카이브의 대상으로 하였습니다. 원로 작가들의 작업과 시기와 내용이 맞았습니다. 궁극적으로는 아시아의 사진으로 확대하려다 우선 한국의 사진부터 수집하기로 하고, 이들 사진을 아카이브하기로 하였습니다.

저는 먼저 시급히 진행해야 하는 원로 작가 50여 명의 리스트를 만들었습니다. 그 중 기증이 가능한 작가가 우선적으로 사업대상이 되었습니다. 이영준 선생님의 소개로 김기찬 작가의 유가족과 만날 수 있었고 이미 아카이브의 중요성을 알고 있어서 신뢰를 바탕으로 작업을 시작할 수 있었습니다.

2. 아카이빙 정의, 아카이브가 뭔가요?

간단히 말하면 보관할 만한 자료를 정리하고 보존하는 체계입니다. 행위와 장소가 같이 포함되어 있는 용어입니다.

아카이브는 오랜 기간의 시간이 축적되어야 하고 엄청난 양의 작업이 모아져야 합니다. 양과 시간은 아카이브의 가장 중요한 속성이고 아카이브가 아카이브로서 작동할 수 있는 기반이 됩니다. 그러나 자료를 그냥 쌓아놓기만 해도 안 됩니다. 이를 분류하고 정리하고 정보를 정확히 개제하여 자료들이 활용될 수 있는 전 단계로 구성되어야만 아카이브로 작동하는 것입니다.

3. 아카이빙 절차는 어떻게 되나요?

사진 아카이브의 작업은 첫 번째 필름 선별 작업, 두 번째 디지털 스캔 작업, 그리고 메터데이터 작업, 마지막으로 그 외의 유물 수집이 이루어집니다. 원본 필름, 빈티지 프린트, 출판물, 카메라 등과 같은 유물들을 모으는 것이지요.

김기찬의 사진은 유가족인 최경자 여사님이 상당히 잘 정리해 놓은 상태였습니다. 그래서 다른 작가들에 비해 비교적 짧은 시간에 선별 작업을 할 수 있었습니다. 저는 먼저 작가가 촬영한 모든 필름을 다 보고 어떻게 사진을 선별할지 계획을 세웠습니다. 김기찬의 경우는 1967년부터 2000년대 초반까지 필름과 밀착인화가 135권의 앨범에 정리되어 있었습니다. 필름은 대략 5만여 점이 있었습니다. 여기서 1만 점을 선별하였습니다.

4. 작가당 1만 장이라는 국가적 스케일의 양을 아카이빙했는데 어떻게 그렇게 하게 된 것입니까? (1만 장씩 4명. 개인의 기록물 장기 보존. 시기적 연속성 기록 중요성.)

저는 한 작가의 주요 작업만을 선정하는 대신 그 작가의 평생의 작업을 시대별로 골고루 선별하고자 하였습니다. 작가의 작업을 전체적으로 정리하는 것도 중요했고 무엇보다도 격변하는 시기인 1950년대 이후를 살았던 사회 구성원의 한 사람으로서 장기간 지속적으로 수집한 사진 기록도 아주 중요하다고 생각했습니다. 그리하여 작가의 주요 작업만 수집하지 않고 그 작가가 미발표했던 작업을 시대별로 균등하게 선별하고자 하였습니다. 예를 들어, 한 작가를 1천 장으로 해서 100명의 작가를 아카이빙하기보다는 한 작가를 1만 장씩 해서 10명의 작가를 정리하는 쪽으로 정했습니다. 아카이브의 구축에 있어서 시기의 연속성은 중요했기 때문입니다. 이는 작가의 작업 영역을 넘어서 한국의 근대화 과정을 다방면의 각도에서 바라볼 수 있는 귀중한 시각 자료이기 때문입니다. 결국 1만 장이라는 숫자는 예산에 맞춘 것이지요. 김기찬의 경우도 서울과 서울 근교의 사진을 1960년부터 40년간 기록했습니다. 당시 서울의 근대사, 생활사, 일상사가 다 담겨 있습니다.

수만 개의 사진에서 1만 장을 선별하는 데 있어서 기준이 필요하였습니다. 먼저 연구자가 주관적으로 이미지를 판단하려 하지 않는 것이 중요했습니다. 자료를 선별하는 데 있어서는, 작업을 수집하는 사람의 취향이 가능한 배제되어야 하며 객관적인 태도가 요구됩니다. 아카이브 선별의 구체적인 매뉴얼은 국내외의 어느 기관에도 있지 않았고 기관의 성격에 따라 선별 기준이 다르기 때문에 나름의 원칙을 세우게 되었습니다. 기본적인 원칙은 선별보다는 제외의 법칙을 먼저 적용하는 것이었습니다. 일차적으로 비슷한 이미지를 제외합니다. 사진가들은 한 장의 이미지를 얻기 위하여 수십 장의 사진을 찍습니다. 연구자로서 비슷한 이미지를 제외해 나가면서 그 중 한 장의 사진을 고릅니다. 두 번째는 상태가 나쁜 필름을 제외하는 것입니다. 수십 년이 지났고 사람의 손을 탄 필름이라 얼룩이 지거나 스크래치가 너무 심한 경우가 많이 있습니다. 디지털 스캔을 해도 이미지를 제대로 생산할 수 없을 것 같은 필름은 부득이 제외하였습니다.

1만 장의 필름을 선별하는 일은 3달 동안 하루 종일 같은 일을 반복하는 작업이었습니다. 수동적이고 기계적인 작업이고 작업자의 꼼꼼함과 성실성이 요구되는 일이었습니다.

    5. 국가적 차원의 아카이빙 재수없음: 아카이브는 기본적으로 가지고 있는 권력의 속성이 있는데 김기찬의 사진은 어떻게 다른가요? (사적인 기록물의 중요성. 국가 개입은 비용의 문제.)

아카이브가 권력과 연관되는 문제는 아카이브 자체의 문제라기보다 아카이브가 생성될 때 권력이 어떻게 삽입되느냐의 문제입니다. 전통적인 형태의 아카이브는 체제의 옹호나 이데올로기 구성을 위해 아카이브가 쓰여진 경우가 많지요. 혹은 구성원들을 감시하고 관리하기 위한 시스템으로 이용되었지요. 주민등록증 같은 경우가 대표적인 예입니다. 그러나 디지털화가 이루어진 다음의 아카이브는 조금 다릅니다. 사실 여기에서는 생산보다는 아카이빙 과정에서 자본의 문제가 들어옵니다. 디지털화하면 웹상에서 서비스를 하게 되면서 상업적인 문제가 생기게 됩니다. 예를 들어 구글웹에서 이미지를 서비스하는 문제, 이미지 사용의 문제, 저작권의 문제 등이 그런 것입니다.

새로운 권력의 주체가 기업과 자본으로 등장하는 것은 현재의 아카이브 문제라고 할 수 있습니다. 이는 이제 아카이브를 구축하기 시작하는 시점에서 시급히 논의되어야 할 문제입니다.

    6. 사진이란 이미지만 달랑 있어서는 아무 쓸모가 없는

데, 어디서 무엇을 언제 왜 찍은 것인지에 대한 정보가 필요할 텐데요, 그건 어떻게 찾으셨나요? (사진에서 메타데이터 요소 축출.)

그런 작업을 메타데이터라고 합니다. 사진에 대한 정보를 기술하는 것이지요.

메타데이터 작성은 작가의 노트를 우선합니다. 사진가들은 보통 촬영시 날짜와 장소를 기록하지요. 그 다음은 출판물에 기록된 정보를 보았습니다. 김기찬의 경우는 생전에 11권 사후에 3권, 총 14권을 출판하였습니다. 그러나 때때로 작가 노트와 출판물 정보가 일치하지 않는 경우가 있습니다. 이를 위해 사진 이미지에서 객관적인 정보를 얻는 방법을 차선으로 진행하였습니다. 예를 들어 사진에서 나오는 영화 포스터나 광고 제품 등을 검색하면 해당 연도를 알 수 있게 됩니다.

예를 들어 다음 페이지의 사진을 보면 두 여인이 아이를 등에 업고 영화포스터를 보고 있습니다. 영화 포스터에 나온 〈향전〉이라는 영화는 김묵 감독, 김진규 주연으로 1972년에 개봉되었습니다. 이를 기반으로 이 사진은 1972년 무렵에 촬영되었다는 것을 알 수 있습니다. 또한 포스터에 '서대문 극장 개봉'이라는 글자가 보이므로 장소가 서울이라는 것도 알 수 있게 됩니다. 작가가 노트한 날짜를 우선으로 하되 보조적으로 이를 증명할 수 있는 사진의 내용을 자료 검색을 통해 재확인하였습니다.

그러나 모르는 내용을 기술하지는 않았습니다. 예를 들어 작가 노트에도, 출판 기록에도 없고, 사진 안에서도 정보를 찾을 수 없으면, 연대 미상, 장소 미정으로 적었습니다.

저희가 정리한 1만 장의 메타데이터 작성은 초기 작업으로 전문성을 요한다기보다는 개미처럼 성실성과 끈기를 요하는 작업이었습니다. 메타데이터의 작성은 앞으로도 끊임없이 지속되어야 되는 과정입니다. 사진의 내용과 연관된 전문가의 의견을 수렴하고 사진 아카이브를 이용하는 사람들의 피드백을 받아 지속적으로 업데이트하여야 합니다. 아카이브 팀에서 작성한 메타데이터는 초기 작업이라고 생각하고 향후 지속적으로 보강하고 발전시킬 시스템을 만들어야 합니다.

ⓒ 최경자

7. 1만 장을 보면서 관점의 변화가 있었나요? 김기찬의
   사진을 다르게 평가하게 되었나요?

사진 아카이브를 구축하는 과정을 통해서 개인의 기록물이
사회적으로 얼마나 중요한지를 알게 되었습니다. 개인의 기록
물은 그 사회의 역사를 기록하면서 동시에 일상에 침투하고
있고, 대중과 친근하게 소통할 수 있다는 점에서 사적인 영역
과 공적인 영역이 경계를 넘나들고 있고, 국가 기록물이 강제
하는 권력의 시선을 비껴가고 있다는 점에서 의미가 있습니
다. 그리하여 일방적인 관점으로 한 사회를 규정짓지 않으며
그 사회의 실제적인 문화와 역사를 재평가할 수 있는 다양한
관점을 열어줍니다.

전통적 아카이브 생산의 단계에서 나라가, 기관이 주체가 되
어 권력의 문제를 야기하였다면 이제 디지털 시대의 아카이
브는 새로운 주체가 생기게 됩니다. 그건 바로 이용자입니다.
여기서 중요한 문제는 자료의 개방성입니다. 웹상에서 누구나
아카이브에 접속할 수 있고, 이용자가 아카이브를 재해석하고
분석하여 다양한 형태로 활용 가능하게 하는 것은 중요한 일
입니다. 이번 심포지엄이 그러한 경우이겠지요. 김기찬의 사
진 아카이브가 전시, 출판, 학술 연구, 그리고 기타 문화예술적
활동으로 활용되어져야 합니다. 아카이브는 마치 살아있는 생
명체처럼 지속적으로 관리하고 키워 나가야 하는 것이고 역
동적으로 활용되었을 때, 그 역할을 다할 수 있는 것입니다.

[영상 15초 후 OUT]

[V 김기찬 사진의 초현실성]

[V 초현실 영상]

[아줌마 사진 나올 때 발제] 김기찬이 근본적으로 골목길의 따스한 정서에만 관심 있었던 사진가가 아니라는 점입니다. 그는 변해가는 도시의 모습을 초현실적으로 찍은 사진가이기도 했습니다. 사진의 초현실성은 어디서 올까요? 초현실주의 기법 중 데페이즈망이라는 것이 있습니다. 서로 연관 없는 것을 같이 붙여 놓아 시각적 충격을 주는 것이지요. 서울이 왕성하게 증식하는 괴물처럼 주변 공간을 먹어 들어갈 때, 전혀 본적이 없는 새로운 시공간이 생겨납니다. 그때 겪은 충격을 김기찬은 병치의 기법으로 보여줍니다. 즉 과거와 현재, 농촌과 도시가 데페이즈망 기법처럼 맥락 없이 마구 병치되어 나타납니다. 그래서 사진의 초현실성이 생기게 됩니다.

+(사진을 보면서 구체적 추가 설명)

[영상 10초 후 OUT]

[V 도시와 재개발(소제목 화면표시)]

　　　　도시와 재개발

　　[A 조연출: 은쟁반에 가위와 테이프 서빙]

[A 이영준, 한금현, 박철수 : 컷팅]

　　자 준비해 주세요. 컷팅! 박수! [조연출 받아서 퇴장]

[V 컷팅 비디오]

　　박철수 – 서울시립대 건축학부 교수

[컷팅식/동영상]

빠르게 스쳐 지나간 동영상을 보며 무엇을 생각하셨나요?

[V컷팅 영상 마지막 사진]

① 등장인물 언급_박정희, 김종필, 김현옥, 양택식.

인물들 대부분이 만주군관학교-일본 육군사관학교/육군사관학교 출신.

김종필(육군사관학교)-국무총리, 중앙정보부(국가정보원) 창설 멤버.

김현옥(불도저 시장), 양택식(두더지 시장).

[V 만주 모던]

② 등장인물들의 세계관, 가치관=만주 모던(하이모던)

『만주 모던』문학과 지성사, 2016의 기본 철학은 속도, 효율, 공간의 병영화, 국가 폭력에 의한 희생 정당화.

바로 이러한 국가 폭력이 절정을 향해 치닫던 시절 김기찬이 사진 작업 시작.

③ 그렇다면 국가 폭력에 의한 개발은 곧 약자의 뿌리 뽑힘과 내몰림을 필연으로 함.

골목으로 내몰린 사람들이란 전시적, 과시적, 거대 구조물 만들기에 의한 쫓김.

→ 워커힐, 타워호텔, 세운상가, 반공연맹, 힐탑 바.

공익성, 공공성, 공공 공간 등의 부재가 만든 공간 환경의 열악이 만든 난민 의식.

→ 완고한 가족주의를 만들었다는 주장도 일리가 있음.

[V 항공사진]

① 신정4구역 재개발지구.

→ 필지 513개-4개, 세대 수 1,375가구-1,081, 골목길의 거리 2,750미터-40미터.

결국 재개발이라는 행위는 세대수도 줄고, 골목길도 줄이는 것, 거주 균질화.

[V 골목 사진]

② 개인 경험담_골목의 개인사.

→ 골목 기억_골목 산업 생태계 훼손(장의사, 접골원, 쌀집, 조산소, 벽지/유리가게).

이는 곧 지역경제와 공유경제로 불리는 선순환 구조의 소멸로 이해 vs. 대형마트.

→ 골목 기억_교육재이자 자본재의 소멸(아이를 낳으면 동네가 키운다).

공부를 잘하던 외삼촌 덕에 성북이 조카로 불림_대학 입학 때까지 꽃다방 출금.

③ 아파트 단지의 신세계_천박한 경제 환원주의 지배_'부자 되세요'와 '건물주'.

→ 박완서 『옥상의 민들레 꽃』^{휴이넘, 2007}

"그런데 이게 웬일입니까? 벌써 두 사람째나 살기가 싫어서 스스로 목숨을 끊었습니다. 얼마나 사는 것이 행복하지 않으면 스스로 목숨을 끊고 싶어질까 궁전 아파트 사람들은 상상할 수 없습니다. 궁전 아파트 사람이 알 수 있는 것은 앞으로 이런 일이 다시는 일어나선 안 된다는 겁니다. 이런 일이 자꾸 일어나 소문이 퍼져 보십시오. 사람들은 궁전 아파트 사람들의 행복이 가짜일 거라고 의심할지도 모릅니다. 그렇게 된다면 큰일입니다. 그런 생각만으로도 궁전 아파트 사람들은 단박 불행해지고 맙니다. 궁전 아파트 사람들이 이제껏 행복했던 것은 다른 사람들이 그렇게 알아줬기 때문이니까요."

→ 한수영 『조의 두 번째 지도』실천문학사, 2013

"조가 뛰어내렸다는 아파트에 사는 녀석은 부녀회장처럼 투덜거렸어. 지랄, 왜 남의 아파트에서 그런 거냐? 집값 떨어지게."

[영상 OUT]

[S 메트로폴리스 영화 사운드 먼저 재생]

[V 작가로서의 김기찬(소제목)]

　　　작가로서의 김기찬

　　　그렇다면 작가로서 김기찬의 특성과 위상은 무엇인지

　　　알아보자.

[V 메트리폴리스 영상 플레이 후 각 작가들의 사진과 오버랩]

[영상 플레이 10초 영상 소리가 줄어들면 발제]

한국의 도시에서 1960년대부터 근대화가 도시의 속도를 높여 놓아 눈이 돌아가기 시작했다면 서구에서는 20세기 초에 그런 일이 벌어집니다. 도시 환경의 급속한 변화는 가히 미친 모더니티라고도 할 수 있는데요. 사진가와 영화감독, 화가들도 이에 반응하기 시작합니다. 예술가들은 유럽과 미국에서 각자 다른 방식으로 도시의 근대화와 문제점들에 대해 반응했던 것입니다.

프리츠 랑은 1927년 영화 메트로폴리스에서 도시를 거대한 공장으로 묘사하고 있습니다. 온갖 기괴한 기계들이 도시공간을 메우고 있고 사람들은 부속품처럼 정신없이 움직입니다.

[V ppt 84] 미래파 화가들은 1910년대에 자동차와 비행기의 속도를 회화로 묘사하려고 했지요. 그러나 유화를 가지고 자동차의 속도를 따라가는 것은 불가능해 보입니다.

한편 미국에서는 거대 도시의 도덕적 문제들에 대해 대응하는 사진들이 나옵니다.

[V ppt 75, 76]

제이콥 리스는 뉴욕 빈민가의 참상을 찍어 정치인들에게 호소하여 도시환경 개선에 기여하게 됩니다. 제이콥 리스가 찍은 뉴욕 빈민가의 사진에서는 사회 개혁을 외치는 사진가의 목소리와, 그와 더불어 빈민가를 순찰 돌며 문 열라고 외친 경찰관의 목소리가 들립니다. 리스의 사진은 결국 국가에게 호소하는 목소리였고, 국가는 결국 그 목소리를 듣고 빈민가를 정비하게 됩니다. 루이스 하인의 사진은 노동인권 개선을 외치는 목소리였고 국가는 그 목소리도 들어 미성년 노동을 폐지하는 계기가 됩니다.

[V ppt 79, 80, 81, 82]

루이스 하인은 미성년 노동자들이 가혹한 작업 환경에서 일하는 장면을 찍고, 그 사진을 가지고 의회에 청원을 해서 미성

년 노동을 금지하는 법안을 냅니다.

[V ppt 78]

리스는 슬럼가의 빈민들을 찍어 『슬럼과의 전쟁』, 『다른 반쪽의 사람들은 어떻게 사나』라는 제목의 책을 냈는데 김기찬에게 골목길 사람들은 싸워야 할 대상도 아니었고, 다른 반쪽의 사람들도 아니었습니다. 골목길 사람들은 김기찬의 친구들이었습니다.

[V ppt 77, 25 병치]

순찰하는 경찰관과 동행하여 빈민굴을 급습하듯 쳐들어가서 빈민들의 얼굴에 다짜고짜 플래쉬를 쏴버린 제이콥 리스와는 달리 김기찬은 한 번도 플래쉬를 쓴 적이 없습니다. 그는 골목길의 사람들 얼굴에다 공격하듯 창백하고 밝은 빛을 쏜 적이 없습니다. 김기찬은 골목을 들여다본 것이 아니라 그 속에 머물렀던 것입니다. 골목길 사람들이 하나같이 밝은 얼굴로 사진에 나오는 이유도 그 때문입니다. [영상 OUT]

[V 골목길 인연 (소제목)]

　　　골목길 인연

[S 바쁜 도시의 사운드] 5초

[영상 OUT]

입체적인 공간으로 성장한 현대도시의 혼란을 의식했는지, 김현옥 시장은 말합니다 "도시는 선이다" [V ppt85] 그러나 이에 맞서듯이 이호철은 소설로 비명을 지릅니다. "서울은 만원이다" [V ppt 85-1] 이런 김현옥에게 골목길은 구불구불해서 차가 아예 드나들 수 없고 속도가 나지 않으니 없애야 할 정비의 대상이었습니다. 그러나 골목길 사람들은 전혀 다른 선을 그으며 살았습니다. [V 주저앉은 사진] 사람들은 골목길에서 통행만 한 것이 아니라 주저앉아서 밥도 먹고 고추도 다듬었으니, 그것은 김현옥 시장이 꿈꾸던 속도의 도시에는 걸맞지 않은 것이었습니다. 그러나 그 주저앉음은 소중한 인연을 만들어냅니다.

[V ppt 87-91]

[사진1 +1972년 7월]

"여름 무더위 속에 다람쥐 쳇바퀴 돌 듯, 중림동 골목을 몇 차례나 오르락내리락했더니 기진맥진이다. 집으로 돌아가려고 긴 계단을 내려오니 시멘트 담 한쪽에 비닐돗자리를 깔고 아주머니 한 분이 애기들에게 부채질을 해주고 있었다. 그냥 지나치려다 뒤돌아보니 앞에 앉은 두 아이는 쌍둥이인 것 같아, 아주머니에게 쌍둥이냐고 물었더니 쌍둥이라고 했다. 몇 장 찍고는 감사하다는 말 한마디를 남기고 집으로 돌아갔다. 그 후에도 나는 시간만 나면 중림동 골목을 헤맸다. [사진2] 그러던 어느 날 그 집 대문 앞을 지나려는데 쌍둥이가 나를 쳐다보고 있었다. 그리고 또 몇 년인가 흘렀는데 그 집 앞을 지나려니까 [사진3] 바로 그 자리에 안경을 쓰고 머리를 뽀글뽀글 파마를 한 귀여운 쌍둥이가 지나가는 나를 또 쳐다보고 있지 않겠는가? 일단 한 장 누르고 몇 학년이냐고 물었더니 3학년이라고 똑똑하게 답을 해주었다. 그리고 그 후론 쌍둥이를 볼 수 없었다. 이사를 갔다고 했다. 90년 들어서 옛날 사람들을 다시 찾아 찍어야겠다는 생각을 하고 찾아낸 것이 이 쌍둥이 사진이었다. 사진을 들고 여기저기 수소문했는데 누군가 충정로 전철역에서 보았다는 것이 아닌가? 근처 약국이건 빵집이건 들어가 물었더니 길 건너 교회에 다닌다고 해서 주일날 예배 끝나는 시간을 기다렸다. [사진4] 몇 날 며칠을 찾으려고 했던 그 쌍둥이를 29년 만에 [사진5] 사진 찍을 수 있었다."

사진이론가인 존 탁은 다큐멘터리 사진에 나오는 인물들을 가리켜 "빈민가의 노동자들은 다 어디로 갔는가?"라고 묻습니다. 급격한 도시개발로 사람들이 골목을 떠난 후에 그들을 쫓아서 어디로 갔는지 확인한 사람은 김기찬 밖에 없는 것 같습니다.
[영상 OUT]

[V 골목길 디자인 (소제목)]
　　골목길 디자인
[V 골목길 계단 사진]

골목길에 디자인이 있다면 그것은 무계획, 무체계의 디자인입니다. 그저 되는 대로 보도블록을 쌓았고 허물어지면 대강 시멘트로 이겨 붙였습니다. 지금 이 사진에서 계단이 붕괴돼 있지만 그것은 붕괴가 아니라 사람들이 걸으며 살아간 흔적입니다. 골목길은 한두 사람이 디자인한 것이 아니라 그 곳을 지나간 수많은 사람들의 발길이 만들어 낸 것입니다. 김기찬의 사진은 그런 시간의 축적을 증언하고 있습니다. 저는 이런 거친 골목을 자연발생적 디자인이라고 부르고 싶습니다. 그렇다고 이런 디자인이 오래가는 것은 아닙니다.

[V 3장 병치 골목길-골목길-아파트] 중학생이 골목길에서 성장해서 결혼해서 애를 낳고 아파트로 이사 가니까 생활 주변의 질감이 변합니다. 골목길에 살 때는 나무도, 담벼락도 거친 질감을 가지고 있습니다. 아파트의 질감은 매끈합니다. 철저히 계획과 계산으로 만들어진 공간이기 때문입니다. [V 골목길 디자인] 질감의 변화는 생활 스타일의 변화와 같이 갑니다. 걸어서 구멍가게에 가서 물건을 사던 삶은 승용차를 타고 마트에서 물건 사는 삶으로 바뀝니다.

[V 시멘트 바닥] 이 사진을 보시면, 사람 발자국과 개 발자국 그리고 닭의 발자국이 동시에 찍혀 있습니다.

[V 바둑 사진] 한 장의 사진을 보시죠. 원래의 정체가 무엇이었던 간에 두 명의 사람과 한 마리의 강아지는 사진 속에서, 사진을 통하여 '열심히 바둑판을 보는 존재들'로 전환돼 있습니다. 이 사진을 보면서 개가 정말로 바둑을 이해하고 있었느냐고 묻는 것은 우문일 것입니다. 중요한 것은 정지된 이 순간 속에서 개와 사람과 골목길의 한옥마루는 다 같은 차원에 놓여 있다는 것입니다. 현실 속에서 이들의 위상이 어땠건 하나의 독특한 장면으로 순간 속에 구성해낼 수 있는 것이 사진의

능력입니다.

[영상 OUT]

[V 귀여움의 잔임함 (소제목)]

　　귀여움의 잔인함

[V ppt 104-109]

[거리에 누워 있는 아이 사진들로 정지]

김기찬 사진에는 유달리 귀여운 아이들이 많이 등장합니다.

[V 도로교통법 110] 그러나 귀여움은 법도 뛰어넘는 것 같습니다. 골목길에 엎드려 숙제를 하는 이 어린이들을 누가 처벌할 수 있겠습니까.

　　누구든지 교통에 방해가 될만한 물건을 도로에 함부로
　　내버려두거나, 눕거나 앉거나 서 있는 행위는 도로교통
　　법 제 14356호 6장 68조에 위배된다.

[V ppt 115] 배경이 바뀌었네요. 철거가 시작되고 있네요. 무슨 일이 벌어진 걸까요…

[V ppt 113-121]

폭력적 도시 재개발의 결과로 골목길이 파괴되고 귀여운 모습의 주인공들이 어디론가 사라졌다는 것이 김기찬 사진에 나오는 귀여움의 의미입니다. 즉 이 귀여운 모습들이 다 파괴되고 어디론가 사라져 버렸는데 그들이 다 어디로 갔는지 아무도 신경 안 쓴다는 무관심의 비극이 귀여운 모습의 귀결이자 전제입니다. 귀여운 모습은 결핍과 부재의 표상이 됩니다.

타이거마스크의 기원은 다시 나타납니다. 존재하지 않는 호랑이에 대한 그리움 때문에 호랑이 표상을 만들어 냈듯이, 더 이상 존재하지 않는 귀여운 아이들에 대한 그리움 때문에 사진을 남기게 됩니다. 김기찬의 회고에는 상실의 멜랑콜리가 짙게 묻어 있습니다. [영상 OUT]

"자주 찾아 다니던 마포구 도화동 골목을 오르고 있었는데 그 날은 웬일인지 날씨답지 않게 골목이 스산해 보였다. 골목 초입에 연탄가게 빈지문도 닫혀 있고 배불뚝이 아저씨네 구멍가게도 굳게 닫혀 있었다. 전신주의 전선도 끊어져 흉하게 늘어져 있었고 세입자의 생존권을 보장하라는 벽보가 반쯤 뜯어져 바람에 너풀거리고 있었다. 아하 재개발, 모두들 떠나버렸구나. 그렇게 떠들썩하던 골목길이었는데… 갑자기 두려움이 엄습해 온다. 온몸이 경직된다. 뒤도 돌아보지 않고 용산 쪽으로 탈출하고 있는데 뭔가 또 발목을 잡는 것 같다. 머리칼이 쭈뼛선다. 헝크러진 카세트 테이프가 발목에 걸려 길게 끌려온 것이다."

"문명의 기록 치고 야만의 기록이 아닌 것이 없다" 발터 벤야민 [V 벤야민 초상] "오늘날 서울의 아파트 치고 골목길을 깔아뭉갠 파괴의 표상이 아닌 것이 없다" 이영준 [V 이영준 초상]

[A 이영준 리모컨 클릭]

[V 상계동 올림픽 영상]

김기찬은 상계동을 찍지는 않았지만, 상계동 재개발의 역사는 김기찬 사진에 나오는 어린아이들이 상계동 올림픽에도 많이 나옵니다. 이 아이들의 부모님들도 상계동 사람들과 같이 철거를 겪은 것이겠지요.

[V ppt 127]

우리가 아는 골목길은 세 가지가 있습니다. 타이거마스크를 쓴 아이들이 놀던 김기찬 사진 속의 골목길. 사라졌지요.

[V ppt 128]

현재 남아 있지만 아이들은 놀지 않는, 그리고 재개발을 기다리는 골목길. 언젠가 사라지겠지요.

[V ppt 129]

그리고 관광지가 되고 임대료만 잔뜩 오른 서촌과 북촌의 골목길. 이것 역시 골목이 사라진 거나 다름 없습니다. 골목이 사라졌는데 우리는 왜 아무렇지도 않은 걸까요?

[V ppt 미공개 사진 방출 영상]

이영준: 우리는 폭력적 도시개발을 통해 이상적인 도시 주거 형태를 가질 기회를 놓친 것은 아닐까요? 김기찬의 사진에 혹시 주거 문화의 이상적 대안의 힌트가 있었던 것은 아닐까요?

[L 조명 밝게]

한금현: 제 생각에 김기찬의 사진은 주거 양식에 관한 레퍼런스로 읽기보단, 생활사, 건축사, 도시사, 의복사, 놀이문화의 역사, 습관의 역사, 공중 위생사, 역사, 음식사, 대중오락의 역사 등 광범위한 근대사 아카이빙으로 볼 수 있습니다.

이영준: 궁극적으로는 유토피아의 상을 찍은 것이 아닌가요?

한금현: 저는 김기찬이란 사진가가 특별한 의도를 가지지 않았을 것이라고…

박철수: …

[V 블랙스크린]

　　네! 오늘의 학술 발표는 여기서 종료됩니다. 와주신 여러
　　분 감사합니다. 안녕히 돌아가십시오.

[A 종료 멘트에도 공방을 계속하다가 관객의 박수 소리에 인사
하고 문으로 퇴장]

[L 조명 어둡게]

[L 하우스 조명 ON]

[A 크레딧 끝부분에 등장하여 목례]

[A 박수]

　이영준 / 한금현 / 박철수

우리에게
유예된 시/공간은
허용되지 않는가?

이태원 '테이크아웃드로잉',
미아리 '더 텍사스 프로젝트',
그리고 한강 '노들섬'

조한
홍익대학교
건축학부 교수

'탈주의 공간' 이태원 테이크아웃드로잉

나는 『서울, 공간의 기억 기억의 공간』돌베개, 2013을 준비하면서, 이태원에 대해 한 꼭지를 꼭 쓰고 싶었다. 하지만 결국 포기하고 말았다. 이태원의 이상한 매력을 도대체 어떻게 읽어내야 할지, 써야 할지 몰랐기 때문이다. 때로는 경박하기도 하고, 때로는 고상하기도 하고, 때로는 '트렌디'하기도 하고, 때로는 '앤티크'하기도 하고…. 이태원의 '테이크아웃드로잉Takeout Drawing' 역시 그런 곳이다. 외장 마감이 모두 떨어져 나가고 흐릿한 흔적만 남아 있는 외벽은 이 건물이 오래된 건물인지 심지어 공사 중인지 알 수 없게 한다. 내부로 들어가면 왼쪽 카운터 덕분에 잠시 커피숍인가 싶지만, 거친 시멘트 블록으로 마감된 공간에 각기 다른 의자와 테이블이 여기저기 흩어져 있는 모습은 버려진 창고를 연상케 한다. 2층으로 올라가면, 난데없이 팔각형 창이 뚫려 있는 어중간한 높이의 콘크리트 벽이 애매하게 자리 잡고, 건너편에는 시멘트 블록이 야적野積과 구축構築의 경계를 넘나들며 공간을 나눈다. 옥상에 있는 굴뚝에는 심지어 ○○목욕탕이라는 글자가 아직도 선명하다. 하지만 테이크아웃드로잉은 목욕탕도 아니고 창고도 아니다. 공사 현장도 아니고 발굴 현장도 아니다. 그렇다고 일반적인 카페나 갤러리도 아니다. 정기적으로 '카페 레지던지' 프로그램이 진행되는 이 곳에서는, 커피 머그가 놓인 테이블, 잠시 쉬어가는 의자, 책들이 얹어진 책장, 모두 누군가의 작품이다. 특히 레지던시에 참여한 작가와 함께 만든 '드로잉 메뉴Drawing

테이크아웃드로잉
외관
이태원

Menu'의 커피 한 모금, 디저트 한입에 누구나 예술에 참여하게 된다. 이 공간에 머물다 가는 사람은, 소식지나 포스터뿐 아니라, 때로는 맛으로, 때로는 향으로, 때로는 촉감으로, 예술의 한 부분 드로잉drawing을 테이크아웃take-out해 갈 수 있는 것이다.

테이크아웃드로잉의 아이디어는 2000년대 초반 최소연 작가의 〈접는 미술관 프로젝트〉에서 시작되었다. 제도화된 미술관들을 비판하며 '접어버리'는 프로젝트로, 구겐하임, 루브르, 메트로폴리탄, 리움 등 유명한 미술관을 다양한 방식으로 해체하고 폐허화시켰다. 최 작가의 작품은, 특정한 시대의 가치관과 특정한 정권의 국가관이 지속적으로 강요되는 제도화된 미술관에 대한 비판인 동시에, 예술에게 다시금 자율성을 부여하려는 투쟁이며, 새로운 열린 미술관을 만들려는 꿈이기도 했다. 이러한 꿈은 2006년 동네를 디자인한 〈명륜동에서 찾다〉 프로젝트가 '올해의 예술상'을 수상하면서 가능하게 된다. 상금을 기반으로 소비와 생산이 독립적으로 가능한 공간을 모색했고, 삼성동2006에서 성북동2007으로, 다시 동숭동2008으로, 그리고 한남동과 이태원동2010까지 이르게 되었다. (커피와 디저트를 판매하는 최소한의 '제도권'을 제외하면) 이 곳은 참 자유로운 곳이었다. 이 곳에서 나는 항상 수다스러웠다. 옥인콜렉티브의 〈콘크리트 아일랜드〉에서는 인터넷 방송 카메라 앞에서 몇 시간이나 홍대 앞과 소녀시대를 넘나들며 '감동'에 대해 수다를 떨었고, 〈난민워크샵〉에서는 최소연 디렉터와 최장원 건축가와 함께 '난민'이라는 주제를 시작으로, 건축과 예

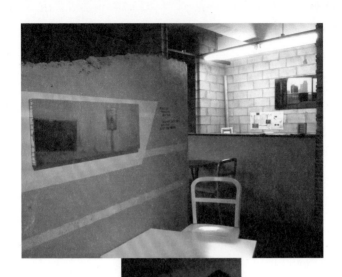

테이크아웃드로잉
내부 및 전시 전경
이태원

술, 철학과 미학, 자본과 정치를 정신없이 넘나들며 밤새 수다를 떨었다. 규정되지 않은 이 공간에서, 말하지 못할 것도, 느끼지 못할 것도, 행동하지 못할 것도 없었다. 깊이도 없고 높이도 없는 수다 속에서 수많은 아이디어가 떠오르고 새로운 감각이 오갔다. 벽에도, 바닥에도, 천정에도, 그리고 전시 하나하나에도, 이 공간을 하나로 읽어낼 수 있는 실마리를 주지 않는 것처럼, 그렇게 어떤 가치관으로도, 어떤 기준으로도, 어떤 척도로도, 수렴되지 않는 그 무엇이 바로 테이크아웃드로잉의 모습이었다.

들뢰즈Gilles Deleuze, 1925~1995와 가타리Félix Guattari, 1930~1992는 『철학이란 무엇인가What is Philosophy?』1994에서 철학과 과학과 예술은 사유의 한 양식mode으로, 철학은 새로운 개념을, 과학은 새로운 기능을, 예술은 새로운 감각을 각각 만들어 내야 한다고 주장하며, 철학과 과학과 예술이 상호작용하는 하나의 방법으로 『앙티오이디푸스Anti-Oedipus』1977와 『천개의 고원 A Thousand Plateaus』1987에서 '탈주선a line of flight'을 제안했다. 탈주선은 끊임없이 '중심'에서 벗어나려는 움직임으로, 들뢰즈에게 '중심'은 특정한 시대 특정한 정권에 의해 '포획'된, 즉 범주화되고 제도화된 지점들이다. 이러한 '중심'들이 모여 특정한 종류와 방향으로의 사유/감각/행동으로 제한하는 '홈 패인 공간Striated Space'이 구성된다. 우리 사회에 그런 '중심'은 넘쳐난다. 남자는 남자다워야 하고, 여자는 여자다워야 하고, 남편은 남편다워야 하고, 아내는 아내다워야 하고, 학생은 학생다워

테이크아웃드로잉
워크숍
이태원

야 하고, 선생은 선생다워야 하고… 카페는 카페다워야 하고, 미술관은 미술관다워야 하고, 공연장은 공연장다워야 하고, 음식점은 음식점다워야 하고, 도서관은 도서관다워야 하고… 그 어떤 애매한 위치는 용납되지 않는다. 하지만 바로 그 애매한 위치, 그 탈주의 시도 속에서만 새로운 개념, 새로운 기능, 새로운 감각의 가능성이 열린다. 카페로도, 미술관으로도, 공연장으로도, 음식점으로도, 서점으로도, 그리고 어떠한 건축적 유행이나 양식으로도 '포획'되지 않은 테이크아웃드로잉은, 바로 그러한 '탈주의 공간'이자 홈이 모두 사라진 '매끈한 공간Smooth Space'을 지향한다. 테이크아웃드로잉에 갈 때마다, 오늘은 어떤 새로운 생각을 하게 될지, 또 어떤 새로운 감각을 느끼게 될지, 항상 들뜨곤 했다.

하지만 이태원 테이크아웃드로잉은 더 이상 이 곳에 없다. 집주인이 재건축하겠다며 쫓아낸 것이다. 그 과정에서 용역들이 몰려와 집기를 모두 들어내고, 테이크아웃드로잉 운영진이 다치기도 했다. 수십 건의 명예훼손 소송전과 수차례의 강제집행 속에서도 수많은 예술가와 동네 주민들이 이 곳을 지키기 위해 며칠 밤 몇 주를 뜬 눈으로 지새웠다. 이러한 최악의 상황 속에서도 음악회, 낭독회, 전시회가 의연하게 진행되었다. 하지만 결국 2016년 8월 31일을 마지막으로 문을 닫고 말았다. 지금 이 곳에는 새로운 건물이 올라오고 있다. 유명한 가수인 집주인은 이 곳에 프랜차이즈 커피숍을 오픈한다고 한다. '탈주'를 부르짖었던 그 가수가 아이러니하게도 이 곳에

원했던 것은 프랜차이즈 커피숍이었다고 한다. 그 가수의 눈에는 테이크아웃드로잉이 그저 잘 나가는 커피숍으로 보였나 보다. 그렇게 또 하나의 '탈주의 공간'이 자본주의에 '포획'되어 사라졌다. 이제 '탈주'가 사라진 그 곳엔 그저 '소비'만 남았다.

'유예된 시공간'의 미아리 '더 텍사스 프로젝트'

2016년 9월 7일 마지막 전시를 끝으로 '더 텍사스 프로젝트'가 문을 닫았다. 이름에서 짐작할 수 있듯이 '미아리 텍사스'에 자리 잡은 공간이다. 원래 재개발을 앞두고 몇 년째 버려져 있던 곳으로, 사진 작가 김규식이 건물주를 설득해 한시적으로 전시 공간으로 사용하고 있었다. 김 작가는 한 일간지와의 인터뷰에서 "문턱 높은 대안공간이나 상업성을 추구하는 갤러리에 맞지 않는 작가들을 위한 공동 작업"으로, "예술가들이 스스로 기획한 전시와 공연을 여는 실험 공간"을 추구하며, "컬렉터와 화랑의 의도에 맞춰 끊임없이 작가가 소비되고, 또 다른 작가로 대체되는 시스템에서 벗어난" 독립 문화예술 공간을 만들고자 했다고 한다. 나는 성원선 작가가 기획한 〈무정주無定住/Non Settlement〉전을 통해 이 곳을 알게 되었다. 이미 재개발이 예정된 이 곳엔 모든 집들이 버려진 듯하다. 한옥과 벽돌집이 늘어선 골목길은 우리의 옛 골목길과 별반 다르지 않은 것 같다. 하지만, 종종 눈에 띄는 요상한 형태의 그리스 로마 신전 장식들이나, 전면을 따라 늘어선 가려진 유리 섀시 창들을 보면, 이 곳이 뭔가 다른 동네임을 짐작하게 한다. 하지만 '홍등'이나 '아가씨'는 어디에도 보이지 않는다.

드르륵 새시 문을 열고 내부 공간으로 들어가면, 붉은색의 거창한 난간이 급하게 위층으로 올라가는 엉성한 계단과 함께 손님을 맞이한다. 수많은 사람들이 오르내리며 만졌을 둥그런 난간 장식이 유난히 빤짝인다. 더 텍사스 프로젝트는 두 개의 집을 하나로 터서 사용하고 있다. 전면부의 널찍한 홀에서 긴 복도가 안쪽으로 향하고, 한 평 남짓한 작은 방들이 복도 왼편을 따라 다닥다닥 붙어 있다. 복도 끝에 이르면 다시 양쪽으로 갈라져 한쪽은 밖으로, 다른 쪽은 옆집으로 이어지고, 그 복도를 따라 더 작은 방들이 반복된다. 가파른 계단을 타고 2층으로 오르면, 중앙에 샤워실인지 화장실인지 알 수 없는 작은 타일 방 하나가 자리 잡고, 다시 좁은 복도를 따라 작은 방들이 이어진다. 가구 하나 남아 있지 않은 방들에는 더 이상 사람의 기운도 느껴지지 않고, 벽지마저 뜯겨나간 벽들은 작은 창으로 스며드는 차가운 햇살에 처연하게 시멘트 속살을 그대로 드러낸다.

전기도 물도 없는 이 곳은 더 이상 사람이 사는 공간이 아니다. 그저 개발을 기다리며 빌린 시간에 사는 유예된 공간에 〈무정주〉전의 22명 작가들이 잠시 머물다 간다. 어느 방은 스위치 하나로 허름한 공간과 환상적인 우주를 넘나들고, 어느 방의 굵은 밧줄에 매달린 나무 그네는 섬뜩한 삶과 순박한 놀이의 경계에서 불안하게 흔들리고, 어느 방에서는 무심하게 뒤돌아선 우리네의 모습이 창밖으로 뿌옇게 걸어나간다.

다 텍사스 프로젝트
전시 전경
미아리

어느 방에서는 건물의 기억을 얇게 떠낸 것 같은 붉고 흰 그림들이 조각조각 공중에 떠 있는가 하면, 어느 방의 바닥에 깔린 인공 잔디는 한발 한발 내디딜 때마다 그 새파란 색깔과 사각거림으로 전혀 다른 시공간을 열어 준다. 어느 방의 얇은 창틀 사이의 공간은 물로 채워져, 내부도 외부도 아닌 그 곳에서 붉은색 금붕어가 너무나도 자유롭게 부유하고 있다. 청량리 588, 천호동 텍사스와 함께 서울의 3대 사창가로 불리며 지난 50년간 가장 원초적인 방식으로 삶을 소비했던 공간과, 2천여 가구가 모여 앞으로 가장 고상한 방식으로 삶을 소비할 거대한 콘크리트 공간 사이에서, 그리고 푼돈으로 욕망을 사고팔았던 공간과 거대한 자본으로 욕망이 사고팔릴 공간 사이에서, 더 텍사스 프로젝트는 잠시간, 아주 잠시간 그 유예된 시간 속에서 자본주의의 시선을 피할 수 있게 해 준다. 그리고 그 곳에서 아주 은밀하게, 때로는 현실과 환상을, 때로는 섬뜩함과 순박함을, 때로는 어색함과 자연스러움 사이를 자유롭게 넘나들 수 있게 해 준다. 하지만 유예된 시간은 거의 다 됐고, 이제 이곳 역시 다른 수많은 곳처럼 자본주의에 포획되어, 우리 사회의 가치관과 기준과 척도에 의해 재단된 삶의 방식으로 상품화되어 또다시 사고팔릴 것이다.

더 텍사스 프로젝트
전시 전경
미아리

더 텍사스 프로젝트
내부 계단
미아리

더 텍사스 프로젝트
내부
미아리

더 텍사스 프로젝트
전시 전경
미아리

우리에게 유예된 시/공간은 허용되지 않는가?

더 텍사스 프로젝트
입구
미아리

　우리에게 유예된 시/공간은 허용되지 않는가?

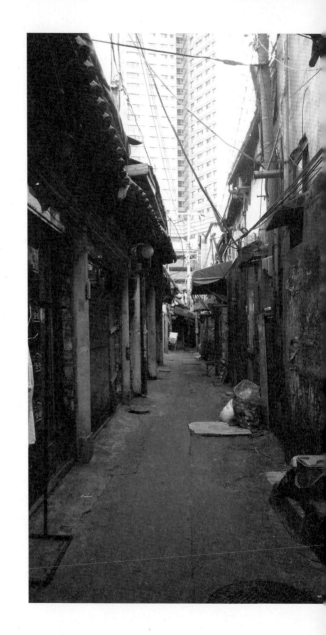

더 텍사스 프로젝트
입구
미아리

그리고 끊임없이 '포획' 당하는 노들섬…

지난 40년간 방치되었던 '노들섬'에 드디어 마을이 들어선다
고 한다. '노들꿈섬 국제현상설계공모전'에서 당선된 '노들마
을'안은 이 곳에 "실내·외 공연장과 공원, 상점가 그리고 생태
교육 시설 등을 산책로와 골목길로 연결해 하나의 작은 마을"
을 만든다고 한다. 그동안 서울시가 이 곳을 텃밭으로 사용하
는 것에 대해 말이 많았다. 어떻게 이렇게 가치 있는 땅을 밭
으로 놀리고 있느냐는 것이다. 그들에게는 한때 이 곳에 세우
려고 했던 거대한 오페라하우스가 정답처럼 보일 것이다. 하
지만 텃밭이든, 오페라하우스든, 마을이든, 그 용도가 무엇이
든 노들섬이 그동안 '방치'되었던 것으로 보는 논리는 모두 똑
같다. 한때 한강 백사장의 작은 모래 언덕에 불과했던 노들섬
은 끊임없이 그 시대의 가치관에 따라 '포획' 당하기를 반복했
다. 1917년 일제는 한강을 지나는 최초의 인도교를 세우기 위
해, 모래 언덕 위에 석축을 둘러 인공섬을 만들었고, 해방 후
1968년부터는 한강 개발 계획을 위해 모래를 퍼 나르기 시작
하더니, 1973년에는 콘크리트 옹벽을 둘러 '대지'로 조성되어
개발에 참여했던 민간 기업에 팔려가고, 2005년부터는 다시
거대한 오페라하우스를 만들겠다고 하더니, 이제는 다시 여기
에 마을을 만들겠다는 것이다. 그저 한강을 가로지르는 다리
의 교각을 세우기 위한 단단한 땅 정도로 인식되기도 하고, 한
강 개발을 위한 채석장으로 취급당하는가 하면, 이익과 권력
을 위해 주고받을 수 있는 선물 정도로 다뤄지기도 하고, '문

화예술 만능주의'를 거쳐 '마을 만능주의'의 손쉬운 무대로 여겨지고 있는 것이다. 시대가 변하고 가치관이 변했다고 하지만, 노들섬을 효용성의 관점에서 보는 것은 변함없다. 한때 노들섬 앞이 유명한 '한강 백사장'이던 시절이 있었다. 아직 경제 개발의 프레임에 '포획'되지 않았던 시절, 이 곳은 여름에는 피서지로, 겨울에는 스케이트장으로 변하는가 하면, 심지어 대통령 선거 유세장이 되기도 했다. 특히 1956년 5월 3일에는 30만 명이 이 곳에 모여 '못 살겠다, 갈아보자'는 표어와 함께 해공 신익희海公 申翼熙, 1894~1956 선생의 선거 유세 한마디 한마디에 환호했었다. 마치 지금의 광화문 광장처럼….

요새 나는 지프를 타고 끊임없이 유예된 공간들을 찾아나선다. 개발이 예정되어 잠시 자본주의의 시선에서 사라진 그런 곳들 말이다. 미끈한 도심 공간이나, 잘 보존된 자연 모두 불편하다. 개발이든 보존이든, 결국 거대한 프레임에 '포획'된 공간일 뿐이다. 그곳에서 우리는 어떻게 생각하고 어떻게 느끼고 어떻게 행동해야 할지 이미 결정되어 있다. 이태원 테이크아웃드로잉, 더 텍사스 프로젝트, 그리고 노들섬까지…. 유예된 공간 유예된 시간만큼 자유로운 것은 없다. 그곳에서 우리는 자신만의 공간, 자신만의 시간을 만들 수 있다.

노들섬

노들섬

　우리에게 유예된 시/공간은 허용되지 않는가?

지역, 공동체,
예술
그리고 이후[1]

김장언

큐레이터
미술평론가

서울역사박물관에서 2013년 5월 30일부터 약 2개월간 진행된 전시 〈MADE IN 창신동〉는 서울이라는 도시에서 오랜 역사를 가진 창신동이라는 지역에 대한 탐구로 구성된 전시이다. 창신동은 서울이 한양이었을 때, 그리고 게이조로 다르게 불리다 다시 한양으로 그리고 서울로 변화된 현재까지도 서울과 함께하는 지역이다. 이것을 다르게 이야기해 본다면, 서울이 중세 도시에서 근대 도시로 그리고 후기 근대 도시로 변화되는 전 과정에서 자신의 생명력을 유지시켰던 공간이라고 말할 수도 있을 것이다. 서울은 언제나 한국의 정치, 경제, 문화의 중심지였기 때문에 하나의 용어로 규정내릴 수는 없지만, 서울이 변화되는 과정 속에서 삶의 준거지로서 창신동은 매우 역동적으로 서울의 이러한 변화에 반응하며 자신의 성격을 형성해 왔다.

그러나 이 전시는 창신동이라는 오랜 역사를 균질한 시간의 연대기 속에서 다루기보다는 오히려 서울의 산업화 과정에서 창신동이 어떻게 삶의 공간으로 변화되어 왔는지에 대해서 집중적으로 탐구했다. 근대화와 산업화의 과정 속에서 창신동이라는 전형적인 서민 주거 지역이 어떻게 변이를 이루어 왔는지를 물리적 공간 속에서, 삶의 형태 속에서, 경제 활동 속에서 집중적으로 다루었다. 더욱이 이 전시는 현대를 탐구하는 고고학자처럼 창신동의 근대화와 산업화의 유물들

1 이 글은 《경향 아티클》 2013년 8월호의 글을 재게재한 것이다.

〈MADE IN 창신동〉
전시 포스터

대경성정동
창신동 일부

동망봉에서
바라본
창신동 일대

을 발굴하고 전시장에서 재현하였다.

창신동을 통해서 바라본 서울 도시화의 스펙트럼은 우리가 상상하는 것보다 광범위하게 지속적으로 이루어졌음을 이 전시에서 파악할 수 있다. 조선 시대 낙산과 홍인지문을 중심으로 도성 외각에 자연스럽게 형성된 주거 지역은 개화기를 거쳐 교통의 발달과 도시화에 따라 인구의 유입이 집중적으로 이루어졌으며, 산업화의 과정 속에서 봉제 산업의 배후 기지로서 그 역할을 스스로 구성했고, 도시 노동자의 삶의 유형과 주거 형식을 만들어 냈다. 그리고 산업화의 재편이 야기한 도시 공간의 성격 변화는 창신동이라는 공간을 재개발 대상지역이라는 산업 개발 가치로만 평가하기도 했고, 서울의 역사성을 그대로 유지한 '성곽마을'이라는 문화산업 지역으로 발명하기도 했다. 그럼에도 불구하고 여전히 유지되는 도심 내 가내수공업 지역이라는 특수성과 외국인 노동자라는 새로운 공간 구성원을 통해서 발생되는 다문화 풍경은 도시의 기층 지역이 어떻게 현재를 창출하고 있는지에 대해서 다시금 고찰할 수 있게 해 준다. 그래서 창신동의 현재는 단순히 잊혀진 서울의 모습을 낭만적으로 회고할 수 있는 공간에 머무는 것이 아니라 시대 변화 과정 속에서 삶의 공간이 유기적으로 자신의 생명력을 공간 구성원들 스스로 어떻게 형성하고, 변화시키며, 창조하는지를 살펴볼 수 있는 살아있는 시간이 되는 것이다.

그러나 내가 이 전시에 대해서 이야기하고자 하는 것은

'기억의 지도'
프로그램에
참여한 할머니
〈MADE IN 창신동〉
2013

창신동 삼남매의
앨범
〈MADE IN 창신동〉
2013

창신동 쪽방
내부 사진
〈MADE IN 창신동〉
2013

봉제 공장
내부 사진
〈MADE IN 창신동〉
2013

이러한 전시의 의미에 대한 것이 아니다. 더욱이 당시 서울역사박물관에서 기획하는 전시들이 얼마나 흥미로운지를 말하고자 하는 것도 아니다. 서울역사박물관에서 보여주는 기획전시들은 단순한 의미의 서울시 정책 홍보관이나 역사유물전시관의 성격에서 벗어나고 있다. 서울역사박물관의 역사에 대한 관점은 사학에 전문적이 않은 나의 시각에서도 전통적의미의 역사학적 관점에서 벗어나 사회문화적 관점으로 확장되고 있다. 이것은 아날학파와 문화인류학 그리고 문화연구의영향 속에서 역사를 새롭게 고찰하고 현재를 발명하고자 하는 기관의 노력으로 생각된다.

그렇다면 나는 무엇 때문에 이 전시에 대해서 이야기하고자 하는 것일까? 나는 이 전시가 미술계에서 특히 지역과공동체 그리고 삶에 대해서 집중했던 작가와 기획자들에게어떤 의미로 다가올지 매우 궁금했다. 물론 매우 적은 수의 미술계 사람들이 이 전시를 보았을 것이다. 그래서 이 질문은 나를 향하고 있는 것인지도 모른다. 자의든 타의든 90년대 이후급진적으로 공동체와 사회에 대한 다양한 태도를 보여주었던작가와 큐레이터들이 등장했으며, 사회에 대한 비판적 질문을야기하고 실험적 대안을 모색했던 움직임들이 있었다. 이러한 과정 속에서 청계천 공구상가, 인사동, 낙산, 가리봉동, 황학동, 경기도의 성남과 마석 등이 재발명되었다. 이러한 관심과 태도는 지방으로 확장되었을 뿐만 아니라, 국제적 연대 속에서 비판적 미술의 한 측면으로 활발히 논의되었으며, 신자

유주의가 야기한 삶의 헐벗음에 대한 회복을 위한 움직임으로 확장되고 있다. 또한 미술의 사회에 대한 질문과 고찰의 한 유형으로서 지역과 공동체에 대한 실험은 사회의 문화적 전환과 발전 그리고 통합이라는 측면에서 적극적으로 문화 정책 및 예술가 지원 프로그램 속에서 공식화되고 있는 것도 사실이다.

더욱 흥미로운 것은 시민 사회의 성장은 사회 구성원 스스로 자신의 삶을 회복하고 유기적 공동체를 구성하기 위한 다양한 실험들을 야기시켰다는 데 있다. 공동체의 예술가가 필요한 것이 아니라 지역 구성원 스스로 창조적 활동을 영위하고 사회를 구성하고 있다는 것이다. 물론 어떤 측면에서는 대중은 잠재적 상태에 남겨져 있기도 하며, 유연한 자본주의 속에서 대안적 실험이라는 것도 새로운 비즈니스 모델로 창출되는 것도 사실이다. 그럼에도 불구하고 예술가 없이 삶의 의미를 회복하고 창조하는 문화적 주체들이 만들어지고 있고, 실제로 그들이 조금씩 사건을 발생시키고 있다.

서울역사박물관의 전시는 이러한 과정에서 그간 작가들이 보여주었던 다양한 실험들이 정치적 올바름이라는 이름으로 정리되고 포장된 전시 형식으로 보여진다. 그러나 이것은 어쩌면 서울역사박물관의 문제라기보다는 오히려 미술의 사회에 대한 창조적 개입을 적극적으로 기관이 흡수하고 그를 통해서 자신들의 연구 방식을 입체적으로 드러낸 결과물이라고 보는 편이 보다 합당할 것이다. 다르게 이야기한다면, 미술의 사회에 대한 움직임들이 박물관의 전시 형식에서도 공식화되고 있다고 말할 수도 있다. 한편 이 전시를 구성하는 삶의 다양한 형태들에 대한 언어 형식들은 지금 사회와 공동체 그리고 참여에 대해서 이야기하는 작가들의 태도들과 별반 다른 지점을 찾기 어려운 것도 사실이다. 그렇다면 지금의 작가들은 사회에 대해서 혹은 공동체에 대해서 무엇을 어떻게 이야기해야 할 것인가?

나에게 뾰족한 해결책은 없지만, 예술이 사회에 던질 비판적 질문의 층위가 예전처럼 쉽지 않은 것은 사실이다. 여전히 작가들을 인류학자로 혹은 사회복지사로 앵벌이 시키면서 사회의 이야기를 담아오도록 강요하는 전시와 지원 프로그램을 목격한다. 사회와 공동체에 대한 비판적 태도를 위한 창조적 매뉴얼을 가지고 작가적 성공을 위해서 경주하는 작가를 보기도 한다. 동시대 미술의 자율적 움직임을 구성하고자 하는 주체들은 이제 대안공간에서 사회적 기업으로, 협동조합으로, 창조기업으로 정부의 정책적 지원에 따라서 자신의 변신을 강요받고 있는 것 같다는 생각이 든다. 이러한 환경 속에서 예술계의 주체들은 행복할까? 그래서 우리는 지역, 공동체, 예술, 그 이후에 대해서 이제 이야기해야 하지 않을까? 나는 〈MADE IN 창신동〉 전시에서 반가운 이름을 만났는데, 그것은 'OOO간(공공공간) 2'였다. 그들은 전시장 외부에서 창신동의 소리를 통한 체험 프로그램을 진행하고 있었다. 그들은 '콜렉티브 2'에서 '러닝투런'에서 'OOO간2'로 자신의 경험과 체험을 확장하고 있는데, 창신동에 자리를 잡았다는 것을 오래 전에 알고 있었다. 새로운 세대들이 이제 과거와 유사하더라도 무엇인가 다른 움직임들을 진행하고 있다는 생각을 했다. 이 전시를 통해서 다시 만나게 되는 그들의 이름 속에서 이제 정말 '그 이후'에 대해서 이야기해야 하지 않을까 하는 생각을 한다.

광화문의
사운드 스케이프
620년

이영준

기계비평가

광화문에서 광화문 네거리까지의 길이 620미터쯤 되는 거리에서 620년간 일어났던 사운드스케이프를 정리해 봤다. 이 길거리는 시대의 흐름에 따라 정치 상황도 변하고 소리를 내야 하는 이유도, 소리를 내는 기계 장치도 변하면서 참으로 다양한 소리들이 채우던 공간이다. 이 거리의 시작은 조선의 개국으로 거슬러 올라간다. 태조 이성계가 조선을 개국하고 행정의 각 부분을 담당하는 여섯 부서를 설치하는데 그게 이조吏曹, 호조戶曹, 예조禮曹, 병조兵曹, 형조刑曹, 공조工曹였다. 각각의 이름들이 무엇을 담당하는지는 여기서 중요하지 않으므로 그에 대해 쓰지는 않겠다. 굳이 알고 싶다면 위키백과에 검색해 보면 나온다. 내가 아는 한 육조거리에 대한 유일한 사운드 스케이프에 대한 기억은 "가가假家 허느시오!"라는 말이다. 이 말을 하고 다닌 사람은 조선의 관리였을 것이다. 그때나 지금이나 광화문 앞 대로는 국가에 의해 엄격하게 관리되고 통제되는 거리였다. 그러나 법과 규율이 지금보다는 느슨했을 것으로 짐작되는 조선 시대에 사람들은 그 거리에 임의로 가게를 벌였다고 하는데 가가는 가게의 어원이었을 것으로 추정된다. 즉 무허가로 지은 가게를 철거하라는 말이다. 그런데 육조거리는 임금이 어디 갈 때 장대한 행차가 지나가는 곳이다. 그게 얼마나 장대했으면 프랑스에서 간신히 되돌려 받은 297권이나 되는 외규장각 의궤에 행차의 참가 인원과 절차가 자세히 나와 있었을까. 그런데 임금이 행차할 그 거리에 너절한 가게들이 있으면 안 된다. 그래서 행차 전날 관리들이 거리를 걸으며 "가가 허느시오!" 하고 외치고 다녔다고 한다. 즉 가게를 헐으라는 소리였다. 그게 기록에 남아 있는 광화문 거리 최초의 사운드스케이프다. 광화문의 사운드스케이프는 시작부터 지배 권력과 민중들 간에 공간의 점유를 둘러싸고 벌어진 밀당으로 점철됐고, 그 밀당은 지금도 현재진행형이다.

수백 년의 역사가 진행되는 동안 아마도 다양한 사운드스케이프가 펼쳐졌겠지만 소리를 기록하는 장치가 한참 후에 나왔고, 사운드스케이프에 대해 사람들이 별 관심이 없었기 때문에 무슨 소리들이 광화문 거리의 역사 공간을 메웠는지는 알 수 없다. 다만 산발적인 기록을 통해서만 알 수 있을 뿐이다. 짐작해 보건대 조선 시대에 광화문 거리를 메운 사운드스케이프는, 그 시절에 기계란 것이 없었기 때문에 대부분 사람과 소나 말이 내는 소리가 전부였을 것으로 짐작된다. 그러다가 기계 소리가 들어선 것은 1929년이었을 것이다. 이때 노면 전차의 노선 중 하나가 효자동을 출발해서 중앙청 앞을 지나 시청 앞까지 이른다. 아마도 노면 전차의 소리는 당시 사람들에게는 경천동지할 사건이었을 것이다. 필자도 어릴 적 전차를 타본 기억이 나는데 사실 전차의 차량 중량 13톤이면 15톤 나가는 오늘날의 관광버스보다 가벼운 것이다. 그러나 침목이 없이 바로 포장도로에 궤도를 깔고 그 위를 달리는 철제 차륜에서 나는 소리는 우르릉 하는 괴물 그 자체였다. 이제 조선은, 아니 한국은 바야흐로 테크놀로지의 시대로 접어든 것이다. 여기서 중요한 것은 테크놀로지가 생활 공간에 들어왔다는 것만이 아니다. 테크놀로지가 사람들의 감각 세계마저 침투하여 신체와 떼어놓을 수 없는 지경에 이르렀다는 점이 중요하다. 매일 일정한 시간에 전차가 다니는데 그 길거리에 있는 사람들은 그 소리의 범위를 벗어날 수 없는 것이다. 그리고 전차의 출현은 전차에만 그치는 것이 아니라 자동차, 철도, 라디오 등 수많은 소리 내는 기계들의 출현을 동반하는 것이었기 때문에 이제 조선 반도의 사람들은 더 이상 자연의 소리만 들으며 살 수 없게 됐다. 광화문 길거리에 출현한 전차는 새로운 물질문명과 감각의 시작을 알리는 것이었다. 그러나 전차의 소리는 어디까지나 기계의 작동에서 비롯되는 부수적인 소음이지 기계를 표현하는 것은 아니었다. 지금 보면 허술하고 엉성한 차체와 대차, 차륜, 펜타그래프^{집전기} 등이 정밀하게 꼭 맞지 않아서 나는 이격음 내지는 마찰음 같은 것이었기 때문이다. 그러나 광화문 길거리의 역사가 진행되면서 테크놀로지가 내는 소리의 성격은 많이 변한다.

전차가 광화문 길거리에 새로운 소리를 가져다준지 20여 년 후 좀 더 무거운 기계가 나타난다. 그것은 전차^{電車}와는 다른 전차^{戰車}였다. 한국전쟁이 시작되자마자 북한군이 몰고 남하한 무게 26.5톤의 T34 전차가 미아리 고개를 넘을 때 많은 사람들은 '북괴가 남침했다'는 것 이상으로 생전 본 적이 없는 새로운 전쟁 기계의 스펙터클에 놀라게 된다. 이를 두고 박해천은 '묵직한 금속성의 카리스마'라고 표현하면서 당시 사람들의 반응을 정리하고 있다. "그중에서 군중의 시선을 단박에

사로잡은 것은 캐터필러의 굉음을 내며 다가오는 전차부대였다. 특히 "상체를 밖으로 내고 기관총좌를 잡고 있"는 탱크병은 여느 병사와 달라 보였다. 이 광경을 지켜본 군중들은 한마디씩 던진다. "탱크부대다. 정말 대단하군", "남한 군대는 탱크가 없다잖아", "모두 소련제다" 등등.^{박해천, 『아수라장의 모더니티』,} p.23 사실 전차의 트랙(캐터필러는 중장비 회사 이름인데 무한궤도를 이르는 일반 명사처럼 쓰이게 됐다. 여기서는 트랙이라는 명칭으로 바로 잡는다)에서 나는 소리는 굉음까지는 아니다. 기껏해야 쇠로 된 전차의 로드휠과 그 축 사이에서 마찰음이 끼익 끼익 하고 나는 정도일 뿐이다. 그리고 전차의 엔진 소리래 봐야 오늘날 흔히 보는 굴삭기의 엔진 소리 정도이다. 우르르르 하는 것이 성가시게 시끄럽긴 하지만 사람을 압도하여 공포감을 줄 정도의 굉음은 아니다. 그러나 그런 것은 중요하지 않았다. 아마도 북한군의 T34 전차는 그때까지 서울 시내를 굴러다닌 차량 중 가장 무거운 것이었을 것이다. 무게가 60톤 이상 나가는 요즘의 주력 전차에 비하면 아주 가벼운 편인 26.5톤의 T34 전차는 요즘 기준으로 보면 경전차에 속하지만 그래도 제대로 된 전차를 처음 보는 눈에는 놀라운 광경이었을 것이다.

그러나 전차의 무한궤도에서 나는 소리가 무한히 오래 간 것은 아니다. 그 소리는 각종 총포류의 파열음에 구멍이 나버린다. 중앙청 건물 벽에 난 총알 구멍이 증언하듯 광화문 일대에서 수도 없이 많은 총탄이 오갔겠지만 끝까지 중앙청을 사수하던 중공군을 사살해 버린 그 총성은 아마도 결정적인 소리였을 것이다. 정확히 기억나지 않는 어느 분의 회고에 따르면 인천상륙작전으로 서울에 다시 진입한 국군은 중앙청 앞에 이르렀는데 중공군 몇 명이 끝까지 기관총을 붙들고 저항하고 있었다고 한다. 그러나 그 중공군들마저 사살해 버리고는 중앙청을 탈환했다고 술회한다. 그것은 남한에서 공산주의를 몰아내 버리고 분단체제가 확립되는 소리이기도 했다.

조선 시대의 관리가 외치던 "가가 허느시오!"는 오늘날로 치면 철거를 위한 행정대집행인 셈이고 광화문 일대를 둘러싸고 이후 600년간 벌어질 지배 권력과 인민들의 갈등과 투쟁의 서막을 알리는 것이었다. "가가 허느시오!"는 경찰이 동원되고 "생존권 보장하라!"는 피맺힌 절규가 뒤섞이는 오늘날의 행정대집행의 서막이기는 했지만 기계 시대의 전쟁에서 나던 전차 소리나 총소리에 비하면 아주 소프트한 것이었다. 광화문 일대의 사운드스케이프는 기계 시대 이전에는 사람들끼리 밀고 당기는 소리였으나 근대 이후로는 사람과 기계가 밀고 당기는 데서 나는 소리로 바뀌었다.

1970년대가 되면서 광화문에는 완전히 새로운 사운드스케이프가 들어선다. 단, 그 소리를 길거리에서는 들을 수 없다. 원래 시민회관이 한국을 대표하는 공연장으로 있었지만 1972년의 대화재로 소실되고 그 자리에 전문 공연장을 짓기 시작해서 1978년에 세종문화회관이 개관한다. 그러면서 한국에서는 본격적인 오케스트라의 시대가 열린다. 그 전에는 마땅한 공연장이 없어서 외국의 유명 오케스트라가 와도 만족스러운 공연을 할 수 없었다. 1973년 비엔나 필하모닉 오케스트라의 공연은 이화여대 대강당에서 열렸는데 당시 지휘자였던 클라우디오 아바도Claudio Abbado는 시설에 대해 불만이 많았다고 한다. 이화여대의 명물이기도 했던 교문 아래의 철길로 기차가 지나갈 때 공연장이 흔들리기도 했다는 것이다. 아마 음향만이 문제가 아니라 여러 부수 시설들도 불만족스러웠을 것이다. 1990년 중반만 해도 김포공항 화장실에서 지린내가 심하게 났으니 1970년대 초 화장실 사정이란 빤한 것이었다. 그러나 그런 문제들은 세종문화회관이 열리면서 해소됐다. 이후로 허버트 폰 카라얀Herbert von Karajan이 지휘하는 베를린 필하모니나 레너드 번스타인Leonard Bernstein이 지휘하는 뉴욕 필하모니, 로린 마젤Lorin Maazel이 지휘하는 파리 오케스트라 등 세계적인 악단들이 세종문화회관에서 여태껏 들어본 적이 없었던 사운드를 들려줬다. 로린 마젤은 한국에 여러 번 왔었는데, 1980년대 초반이던가 그의 지휘를 들었을 때 가장 인상적인 소리는 애국가였다. 애국가 하면 너무 덥거나 너무 추운 학교 운동장에 시커먼 교복 입고 군인들처럼 억지로 줄 맞춰 서서 부르던 기억밖에 나지 않았는데 파리 오케스트라가 연주하는 애국가는 완전히 다른 세계였다. 억압적 교육체제에서 억지로 부르던 애국가가 우울한 노래였다면 으리으리하고 우아한 연주회장에서 세계 최고의 오케스트라가 연주하는 애국가는 우아하고 아름다운 노래였다. 매끄러운 선율에 실린 '동해물과 백두

산이'가 그렇게 아름다울 수 없었다. 당시는 오케스트라의 연주회가 있을 때마다 애국가를 연주했기 때문에 음악 애호가였다면 외국의 유수 오케스트라의 애국가를 다 비교해 볼 수 있었을 것이다. 당시 음악잡지에 어떤 평론가는 뉴욕 필하모니가 연주한 애국가에 대해 매우 섬세한 필치로 장문의 평을 쓸 만큼 외국 악단의 애국가 연주는 한국의 음악계에 새로운 지평을 연 것이었다. 그러면서 광화문 앞은 섬세한 오케스트라의 소리가 새로운 사운드스케이프를 열게 된다. 필자의 기억으로는 광화문 앞을 간 경우가 미국 대사관에 비자 받으러 간 것을 제외하면 나머지 대부분이 세종문화회관에 연주를 들으러 간 것이 아니었나 싶을 정도이다. 세종문화회관에 대형 오케스트라만 온 것은 아니었다. 1980년대 초반에 캐나다의 타악기 그룹 넥서스NEXUS가 연주했었는데 이들은 모든 사물을 악기로 썼다. 나무판에 못을 잔뜩 박은 것 위로 손을 쓰다듬자 휘리링 하는 희한한 소리가 났다. 싱크대 밑에 끼는 배수 파이프를 휘두르자 위용위용 하는 또 다른 희한한 소리가 났다. 비록 길거리의 군중들은 들을 수 없는 소리였지만 넥서스는 분명히 광화문 앞에 새로운 사운드스케이프를 연 것이었다.

그러나 1988년에 예술의전당이 개관하면서 광화문에서 오케스트라 사운드는 사라지고 만다. 너무 대규모로 지은 세종문화회관의 음향이 안 좋아서 섬세한 소리를 내야 하는 연주는 안 열리게 된 것이다. 그 후로 클래식의 벽이 허물어져 이미자나 나훈아 같은 가수들이 세종문화회관을 채우게 됐다.

오케스트라가 사라진 광화문 앞을 다시 채운 것은 또 다른 기계의 소리였다. 정치적으로 억눌려 있을 때는 길거리에서 큰 소리가 날 일이 없었다. 박정희, 전두환의 오랜 독재 기간에 참던 민심은 1987년부터 터져 나오기 시작했다. 그때부터 광화문 일대를 메운 것은 시위대의 함성과 최루탄이 터지는 요란한 소리의 대결이었다. 최루탄은 사과와 크기와 모양이 비슷하다고 해서 사과탄으로 불린 수류탄, 윈체스터 라이플로 발사하는 총류탄, 차에서 발사하는 일명 지랄탄으로 불리던 다연발탄이 있었는데 어느 것이나 요란한 폭음을 냈다. 도시의 빌딩 사이에서 최루탄이 폭발하면 시민들은 그 폭음에 압도되곤 했다. 최루탄이 폭음으로 시위 진압을 하는 것은 아니었지만 어쨌든 폭음의 효과는 상당했다. 특히 고가도로 아래에서 최루탄이 폭발하면 그 소리가 아주 무서웠다. 그리고 최루탄이 터지면 맵기만 하고 끝나는 것이 아니라 일명 백골단으로 불리는, 요즘으로 치면 경찰 특공대가 우르르 달려들어 시위대를 두드려 패서 잡아갔다. 최루탄은 공격 신호였던 것이다.

광화문 앞에서 최루탄이 가장 큰 규모로 폭발한 것은 아마도 1987년의 이한열 추모집회 때였을 것으로 기억된다. 연세대학교 교문 앞에서의 시위 도중 총류탄에 머리를 맞아 숨진 연세대 학생 이한열을 추모하는 행렬은 연세대학교 앞을 출발해서 시청 앞에 이르렀는데 이때 모인 군중이 100만 명에

달했었다(경찰추산은 항상 그것의 10분의 1). 시청 앞에 모인 군중들은 뚜렷한 프로그램이 없었으므로 이제 무엇을 할까 우왕좌왕 술렁이고 있었다. 일반인을 가장한 운동권 인사들이 시민들 틈에 끼어 즉석 시국토론 같은 것을 열기도 했다. 근처의 빌딩에서도 수많은 사람들이 창문을 열고 내다보고 있었는데 배가 불뚝 나오고 베이지색 잠바를 입은 경찰이 위에다 대고 창문 닫으라고 소리치던 것이 기억이 난다. 왜 사유 공간인 자신의 사무실 창문을 열고 바깥을 보면 안 되는 것이며 경찰이 그것을 닫으라고 할 권리가 어디 있는지 참으로 궁금한 일이었다. 그리고 지상에서 십몇 층의 빌딩에 대고 소리치면 거기 있는 사무원이 경찰의 호령에 겁이 나서 창문을 닫으리라고 기대했던 것도 이상한 일이었다. 서울대학교에 쳐들어와서 "데모하는 학생들 얼굴 껍질을 벗겨버리겠다"(필자가 대학 때 직접 들음)며 날뛰던 그 경찰과 똑같이 생긴 그 경찰 아저씨는 분명히 자신의 목소리가 멀리 십몇 층의 빌딩에 있는 사람들도 컨트롤할 수 있다고 믿는 것 같았다. 경찰을 이르는 속어인 짭새라는 말은 아마도 경찰을 두려워하는 범법자들이 쓰기 시작한 것이겠지만 경찰이 이런 식으로 평범한 시민의 기본권마저 침해하기 시작하니까 많은 사람들이 경찰을 경멸하는 뜻으로 짭새라는 말을 쓰게 된 것 같다.

　　광화문의 그 무모한 짭새의 목소리를 뒤덮어버린 것은 누군가에게서 나온 외침이었다. "청와대로 가자!"는 외침이 나오기 시작한 것이다. 그래서 사람들은 슬슬 청와대 쪽으로 움직이기 시작했다. 경찰은 지금의 일민미술관에 최후의 저지선을 쳤다. 거기에 수많은 전투 경찰과 최루탄 발사차들이 진을 치고 있었다. 청와대로 가려는 군중은 그 저지선과 충돌할 수밖에 없었다. 앞줄의 전투 경찰들이 방패와 하이바(헬멧)를 뺏기기 시작하자 저지선이 무너질 것을 우려한 경찰은 여섯 대쯤 되는 차에서 일제히 다연발 최루탄을 발사했다. 그 발사음은 청와대로 가자는 목소리를 덮어 버렸다. 그리고 흰색의 일명 지랄탄 가스도 목소리를 덮어 버렸다. 기본적으로 가루로 돼 있는 수류탄과 총류탄은 금방 적응이 되면 별로 맵지 않았다. 그러나 지랄탄은 달랐다. 이건 단순히 매운 것이 아니라 호흡을 곤란하게 하는 가스였다. 발사의 폭음과 흰색 가스가 광화문 일대를 뒤덮자 100만 명의 추도 겸 시위 군중은 순식간에 흩어져 버렸고 이한열의 운구는 광주 망월동 묘지로 향했다. 조선 때 시작된 "가가 허느시오!"라는 외침은 20세기 후반의 대한민국에 와서 요란한 최루탄의 폭발음과 민주화를 외치는 군중들의 목소리의 대결로 변해 있었다.

그 후로는 광화문 거리를 메운 소리는 오가는 자동차의 소음밖에 없었다. 2010년까지는. 몇 월인지는 기억나지 않지만 나는 그해의 어느 날인가 광화문에 볼일이 있어서 갔는데 거기서 엄청난 소리를 듣게 됐다. 1987년의 이한열 장례식 때 터져 나온 최루탄의 폭발음을 훨씬 압도하는 소리였다. 종로1가쯤에서 걷고 있었는데 생전 들어본 적이 없는 엄청나게 고음의 날카로우면서 난폭한 엔진 소리가 들리는 것이었다. 순간

나는 직감했다. 이것은 대한민국에 와본 적이 없는 엔진의 소리다. 그것은 그해 10월 영암에서 있을 포뮬러1 경주대회에 참가할 경주용 차의 엔진 소리였다. 포뮬러1의 홍보를 위해 주최 측은 시청 앞에서 일민미술관 앞의 거리를 막고 시범 주행을 한 것이었다. 양쪽이 막힌 길거리를 아주 저속으로 달리는 주행이었음에도 포뮬러1 경주용 차의 엔진 소리는 엄청난 것이었다. 배기량 2.4리터의 V8 엔진은 분당 회전수가 아주 높고 소음장치가 달려 있지 않아서 엔진의 폭발음을 그대로 밖으로 빼버리는데, 그 소리는 내가 평생 들어본 모든 기계의 소리 중 가장 앙칼지고 독특한 것이었다. 양쪽이 빌딩으로 막혀 있는 광화문 길거리는 울림통 역할을 하여 엔진 소리를 더 증폭시켰다. 그 전에 TV로 포뮬러1 중계는 많이 봤지만 엔진 소리를 죽여 놓기 때문에 그 소리가 얼마나 대단한지 알 수 없었다. 눈앞에서 공회전만 하는데도 그르릉거리는 소리는 맹수의 울부짖음 같았다. 드라이버가 가속 페달을 밟을 때마다 맹수는 더 사납게 울부짖었다. 보통의 승용차 엔진은 응답즉응성에 한계가 있다. 즉 가속 페달을 세게 밟아도 회전수가 바로 올라가지 않고 우우웅 하고 올라간다. 급격한 가속이 생명인 경주용 자동차의 엔진은 응답즉응성이 생명이다. 그래서 포뮬러1 엔진은 드라이버가 가속 페달을 밟는 대로 마치 성이 난 맹수를 건드리듯이 앙칼지게 왕! 하고 바로 반응한다. 이 세상에 존재하는 수많은 자동차 중 경주용 자동차는 아주 특수한 종류의 차다. 엔진도, 브레이크도, 차체도, 서스펜션도, 타이어도 일반 자동차와 공유하는 것이 하나도 없다. 그런데 포뮬러1 자동차는 그중에서도 또 더 특수한 종류의 경주용 자동차다.

경주용 자동차는 매우 다양한데, 유럽에는 최상위에 포뮬러1, 그 하위 부문인 포뮬러3, 포뮬러 르노, 포뮬러 BMW 등이 있고 미국에는 인디카와 내스카가 있다. 나는 후자의 두 가지 경주도 직접 봤지만 그 엔진 소리는 포뮬러1에 비할 바가 아니었다. 포뮬러1의 침입으로 광화문 일대는 새로운 테크놀로지의 공간으로 탈바꿈한 것 같았다. 그러나 그 공간은 오래가지 않았다. 수도권도 아니고 멀리 전라남도 영암의 외진 곳에서 열린 자동차 경주대회는 보러 가기도 힘들고, 무엇보다도 한국에는 지금도 자동차 경주의 토대가 거의 없다. 세계적인 자동차 경주를 위한 산업의 토대도, 드라이버도 거의 없는 상황에서 세계 최정상의 팀과 드라이버들이 겨루는 포뮬러1 경주대회가 잘 될 리 없었다. 운영은 미숙했고 손실은 쌓여만 갔다. 결국 영암 포뮬러1 대회는 4회만에 끝나고 말았다. 광화문에 울려 퍼진 최첨단 기계 맹수의 울음소리는 신기루였을 뿐이다. 자동차 경주의 토대도 없는데 일부 정치인들과 사업가들이 야합해서 유치한 대회가 제대로 뿌리를 내리지 못하고 막을 내리는 것은 너무 당연했다. 그런 점에서 2010년의 포뮬러1 자동차의 엔진 소리는 2002년에 광화문 일대를 가득 메운 FIFA월드컵 축구대회 때의 군중들이 외친 "대~한민국" 하는 응원 소리와 구조적으로 닮았다. 월드컵 축구대회도 세계 축구계의 변방인 한국이 정치력을 동원하여 어찌어찌 유치, 4

강까지 진출하는 쾌거를 이룩했으나 한국의 축구 실력은 그 이후의 월드컵 대회에서의 성적이 잘 말해주는 것이었다. 결국 제대로 된 실력은 없는데 물밑에서 사바사바해서 유치한 행사에서 보여준 성과라는 것은 신기루에 불과한 것이었다. 2002년 이후 월드컵 축구대회 때마다 광화문에는 응원 군중이 모여 그날의 영광을 재현하려 했으나 해가 갈수록 한국 축구는 만족할 만한 성과를 보여주지 못했고 "대~한민국" 소리는 점점 줄어들었다. 2002년 당시 언론은 광화문과 시청 앞을 가득 메운 붉은 악마들을 극찬하며, 심지어는 한국의 응원 문화를 전 세계가 극찬한다는 드립까지 쏟아냈지만 붉은 악마는 붉은색 신기루였을 뿐이었다. 광화문에서 다시는 포뮬러1 엔진 소리를 들을 수 없듯이 "대~한민국" 소리도 못 듣게 될 것 같다.

그러는 사이 극우파 대통령이 연이어 들어서고 민주주의가 퇴보하게 되자 광화문에는 다른 소리가 들리게 됐다. 극우파 대통령들은 극우파라는 독버섯을 키우는 온상 같았다. 광화문 앞에서는 극우 단체들의 활동도 활발해졌다. 그들이 왜 유독 일민미술관 앞을 행사 장소로 좋아하는지는 알 수 없는데 아마 사람들이 많이 지나다니기 때문인 것 같았다. 마침 일민미술관에서 전시를 기획할 일이 있어서 자주 가게 됐는데 그때마다 들리는 극우 단체의 스피커에서 나는 소리는 견디기 힘든 소음이었다. '빨갱이', '종북 세력' 등 있지도 않은 대상을 규탄하는 그들의 반복적인 외침도 신기루 같은 것이었다. 같은 말을 하도 되풀이해서 외치기 때문에 그들이 내뱉는 기표는 아무 의미도 없는 것이 되어버리고, 누구도 그들의 말에 귀 기울이지 않건만 그들은 지칠 줄 몰랐다. 정말 종북 세력을 좋아하는 것은 그들 같았다. 만일 정말로 종북 세력이 없어진다면 그들은 무슨 맛으로 살아갈까?

그러나 극우 단체의 외침도 오래가지는 않았다. 2016년, 광화문 길거리는 박근혜 대통령의 하야를 요구하는 소리로 가득 찼다. 주말마다 100만 명 이상 모이는 집회에서 극우 단체의 소리는 쏙 들어가 버렸다. 박근혜의 하야를 요구하는 소리는 군중들의 함성과 스피커 소리가 합쳐져서 아주 복합적이고 성량이 큰 사운드스케이프를 만들었다. 100만 명+이 박근혜의 하야를 원하는 이유는 다 달랐을 것이므로 그 목소리는 분명히 다성적이라 할 수 있다. 그 소리 속에서 사람들은 단순히 대통령 한 사람의 하야를 원한 것만이 아니라 민주주의의 소리를 배우고 있었다. 크레인에 높이 달린 스피커에서는 안치환이나 양희은, 이승환 같은 가수의 피맺힌 절규에 가까운 노랫소리가 나오기도 했고 김제동의 재담이 나오기도 했으며 멀리 지방에서 온 학생과 농민의 사연들이 나오기도 했다. 광화문의 사운드스케이프가 가르쳐 준 것이 있다면 민주주의는 다양한 목소리들이 울려 퍼지는 공간이라는 점이었다. 그럼에도 광화문 광장은 혼란스럽지 않았다. 혼란스럽기는커녕 박근혜 퇴진을 원하는 군중들의 염원이 하나로 뭉쳐져 질서정연했다. 너무 질서정연하지 않은가 하는 염려가 들청도였다. 박근혜 퇴진은 단지 한 사람의 대통령이 물러나라는 얘기가 아니라 기존의 모든 질서에 대해 래디컬한 차원까지 파고 내려가서 성찰하고 새로운 질서로 대체하자는 요구였다. 땅바닥의 휴지를 주워야 한다는 질서에서부터 대통령이 헌정을 지키는 질서까지 모든 차원에 걸쳐서 말이다. 그런데 엄청난 불법을 저질러서 국가의 질서를 뿌리부터 흔든 대통령을 규탄하는 자리에서 민중들은 앞장서서 쓰레기를 치우고 경찰에게 친절하게 대하는 등 너무 얌전한 태도를 보였다.

광화문의 사운드스케이프도 얌전한 것은 마찬가지였다. 박정희 시대에 광화문에서 박정희 물러가라고 외쳤으면 쥐도 새도 모르게 끌려가서 고문당해서 병신이 됐을 테지만 지금은 그런 시대가 아니다. 좀 더 다른 소리를 내도 될 것이다. 왜 광화문의 스피커에서는 좀 더 래디컬한 소리는 나지 않는 걸까? 말의 내용만을 얘기하는 것이 아니다. 이미 고등학생들이 '혁명'이라고 쓴 깃발을 높이 휘날리고 있는데 그전까지 독재와 부패에 길든 소리 말고 다른 톤과 성질을 가진 소리는 날 수 없는 것일까? 독재에 저항하는 예술은 독재가 사람들에게 준 감각의 질서와 결을 감각적으로 거스르는 것이다. 그러므로 독재에 저항하는 예술이야말로 제대로 실험적이어야 한다. 사실 어떤 운동가요는 새마을 노래와 톤과 분위기가 상당히 비슷한 것도 있다. 오랜 세월을 독재가 준 소리에 길들여져 있다 보니 독재에 저항하는 메시지도 독재의 감각의 결을 따라가게 된 것이다. 민주주의는 제대로 의사 표현을 하는 것이기도 하지만 폭넓은 의사 표현의 방식과 감각을 실험하는 것을 의미하기도 한다. "바르게 살자"라는 구호가 민주주의적으로 들리지 않는 이유는 그 말이 틀려서가 아니라 오로지 한 가지 스타일로만 전달되기 때문이다. "바르게 살자"는 구호 아래 연인들은 키스하고 가수는 생전 듣도 보도 못한 악기를 만들어 노래를 부르고 교사는 교과서 바깥의 지혜를 가르치고 직장인은 넥타이를 싹둑 잘라버린다면 민주주의의 싹이 보이지 않을까?

1987년 6월 항쟁 때 가장 감동적인 장면은 자동차들의 경적 시위였다. 626 국민평화대행진 날 신세계 백화점 앞을 지나던 차들은 종류를 가릴 것 없이 일제히 경적을 울렸는데, 어느 한 차가 시작하자 수많은 차들이 갑자기 따라하며 엄청난 경적이 도시의 공간을 가득 메우고 순식간에 공감대를 이루는 장면은 참 감동적이었다. 그 많은 차들이 무슨 생각으로 같이 경적을 울렸는지는 확인할 길이 없다. 똑같이 "독재 타도"를 외치고 있었더라도 독재 타도의 방향과 목표는 다 달랐을 수도 있다. 아마도 그날의 경적 시위는 1980년 5월 광주의 금남로에 모인 버스들이 일제히 경적 시위를 한 것에 대한 공명이 아니었을까 싶다.

홍철기나 류한길의 사운드아트가 내는 노이즈가 '박근혜 퇴진'과 뒤섞이면 어떻게 될까? 결국 박근혜 퇴진은 정권의 입장에서 보면 노이즈 아닌가? 노이즈는 항상 질서를 좋아하고 국민 통합을 좋아하는 정권에게 인민들이란 당신들 생각처럼 그렇게 쉽게 줄 세울 수 있는 존재가 아니며 생각보다는 이질적이고 복합적이어서 쉽게 통치할 수 있는 존재가 아니라는 것을 알릴 수 있지 않을까? 노이즈의 의미는 끝이 활짝 열려 있다. 그것은 한두 사람에 의해 정리되지 않는다.

모든 사운드에는 메시지가 실려 있다. 메시지는 두 가지 종류가 있다. 하나는 의도된 것과 또 하나는 의도되지 않은 것이다. "가가 허느시오!"에서 의도된 메시지는 무허가 건물을 철거하라는 행정 명령이다. 의도되지 않은 메시지는 그것을 말하는 관리의 목소리 톤, 말투, 억양 같은 부수적인 것들이다. 그러나 이 부수적인 것이야말로 메시지를 전하는 중요한 차원이다. 짐작건대 그 관리는 권위적이고 근엄하게 말했을 것이다. 결코 경박하게 말하지는 않았을 것이다. 의도되지 않은 메시지는 보이지 않지만 의도된 메시지를 강력하게 떠받쳐준다. 흡사 음식을 먹지 접시를 먹는 것은 아니지만 음식을 먹는데 접시가 없어서는 안 되는 것과 같은 이치이다. 음식에 맞는 접시의 크기와 스타일이 다 다르듯이, 어떤 메시지냐에 따라 의도되지 않은 메시지의 지지는 아주 중요하다.

의도되지 않은 메시지의 또 다른 차원은 노이즈다. 모든 메시지에는 노이즈가 끼어 있다. 노이즈는 바람 소리처럼 자연의 것에서부터 헛기침 같은 인위적인 것, 엔진음 같은 기계적인 것에까지 다양한 차원에 걸쳐 있다. 그런데 노이즈도 메시지의 일부를 이룬다. 헛기침이나 에, 저, 또 같은 언어적 노이즈 없이 말하는 사람은 잘 훈련된 방송국 아나운서인데 조선 시대에 그런 직업은 없었다. 즉 조선 시대 관리의 언어적 노이즈는 그가 기계 시대 이전의 시대를 살았음을 뜻하는 것이다. 게다가 에, 저, 또 같은 언어적 노이즈는 망설임, 성의 없음, 혹은 젠 채 함 등 다양한 의미들을 가지고 있다.

모든 사운드 메시지에는 의도되지 않은 노이즈가 끼어 있지만 거기서 의미의 층과 무의미의 층을 가려내기는 쉽지 않을 것이다. 그래서 노이즈의 의미가 끝이 열려 있다고 하는 것이다. 포뮬러1 엔진은 수많은 정교하고 복잡한 부품들로 이루어져, 그것들의 합창이 만들어내는 노이즈는 소리의 크기도 엄청나지만 톤도 대단히 복잡하다. 아마도 모든 피스톤과 밸브, 스프링, 캠, 기어, 크랭크들이 합해져서 나는 금속들의 합창에 폭발음이 더해져서 복잡해져 있을 것이다. 그 폭발음도 단일하지 않다. 회전수는 쉴 새 없이 변하고 실린더 안에서 이상 폭발이 일어나는 노킹에 의해 폭발음의 크기와 주기는 더 불규칙해진다. 그 소리의 메시지를 정리하면 '나는 지구 상에서 가장 특수한 자동차'라는 강력한 선언이다. 그 소리는 1톤 피컵트럭의 디젤엔진에서 나는 소리와는 확실히 격이 다르다.

"박근혜 퇴진" 촛불집회에서는 의도되지 않은 기계의 메시지가 상당히 강력하다. 종각 지하철역을 빠져나올 때 이미 들리는, 멀리 광장을 울리는 스피커 소리는 아직 무슨 말인지 알아들을 수 없음에도 불구하고 호소력이 상당하다. 포뮬러1 엔진 소리처럼 그 소리도 광화문의 빌딩들 사이에서 울려서 더 큰 공명을 만들어 낸다. 스피커와 빌딩은 합해져서 아주 큰 소리 기계가 된다. 의도되지 않은 메시지의 차원이 아주 큰 것이다. 그것이 무엇을 의미하는지는 누구나 다 아는 바이다. 이 글이 책에 실려 나올 지금쯤이면 박근혜의 운명은 이미 결정 나 있을 것이다. 그렇다고 해서 100만 명의 이상의 사람들이 12월 추위 속에서 만들어낸 사운드스케이프의 의미가 종결되는 것일까? 만일 그 사운드스케이프의 메시지가 "박근혜 퇴진"이라는 단일한 메시지로 귀결된다면 박근혜가 퇴진했든 안 했든 그 의미는 간단히 종결될 것이다. 메시지는 결국 '그 덕에 박근혜가 퇴진했다'와 '그럼에도 불구하고 박근혜는 버티고 있다' 둘 중의 하나로 정리될 것이기 때문이다. 반면, 광화문에 모인 100만 명이 낸 소리가 메시지의 내용, 소리의 결, 종류, 성량 등 여러 가지 차원에서 다양한 겹들을 이루고 있다면 그 메시지의 여운은 오래 갈 것이다. 사람들은 그때 나왔던 다양한 소리들에 대해 계속 궁금해하고 재해석하고 확대하기도 하면서 궁리를 해댈 것이기 때문이다. 장수풍뎅이연구회, 얼룩말연구회, 범깡총연대, 범야옹연대, 일 못 하는 사람들, 사립돌연사박물관, 전국양배추취식연합회, 혼자 온 사람들, 으어~, ㄷㄷㄷ 등 그 전까지 시위와 집회에서 전혀 볼 수 없었던 정체불명의 단체 깃발들은 그래서 반가웠다. 이들은 궁금하게 만든다. 그리고 권력에 저항하는 모습까지도 권력으로 굳어지게 만드는 기존의 재미없는 기운을 녹여서 끝까지 권력이 안 되게 만든다. 이제 싸움은 단순히 지배자와 민중, 권력자와 힘없는 자 사이에 벌어지는 것이 아니다. 사운드를 재미없게 끌고 가려는 흐름과 재미있게 끌고 가려는 흐름 사이, 단성과 다성monophony vs. polyphony 사이, 단일한 메시지와 다층적 메시지 사이 등 여러 층위로 확대되고 있다. 600년을 내려오면서 광화문의 사운드스케이프를 둘러싼 밀당은 한층 흥미로워졌다. 그 밀당 끝에 2016년 12월 광화문의 사운드스케이프는 그 끝이 더욱 활짝 열리게 될 것 같다.

사진 설명: 2016년 11월 26일 촛불집회에서 군중들은 청와대 앞 200미터까지 진출했다. 1987년 청와대로 가려다 이순신상 너머도 가 보지 못하고 최루탄 세례를 맞았던 것을 기억하면 격세지감이었다. 군중들은 청와대에 있는 대통령 들으라고 박근혜 하야를 외쳤는데 그것은 일종의 음파 공격이었다. 경찰의 최후저지선 너머에 있는 대형 스피커에서는 꽤나 점잖은 경찰의 목소리로 이제 허용된 시간이 지났으니 되돌아가라는 종용이 되풀이됐다. "데모 하는 놈들 얼굴 껍질을 벗겨 버리겠다"며 시위학생들 잡으러 다니던 1980년대의 경찰에 비하면 한결 부드러워진 태도였다. ⓒ 이영준

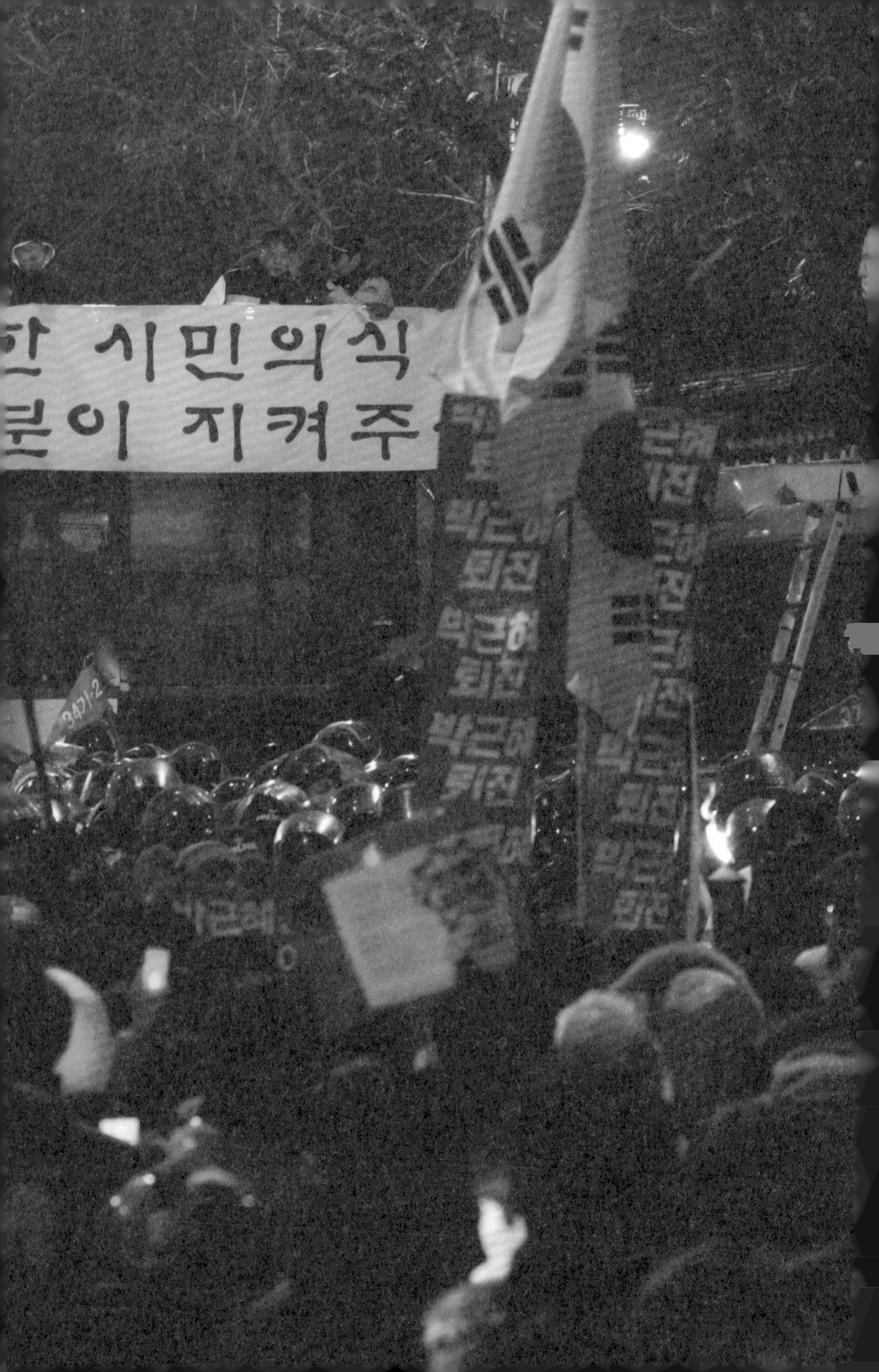
시민의식
지켜주
박근혜 퇴진

메가시티에서의
마이크로 도시
개입

심소미

독립큐레이터

전 세계 5위권의 세계적인 메가시티 서울. 우리는 어떠한 도시에 살고 있는가? 지긋지긋할 정도로 잘 알고 있다 생각했는데, 이 거대한 도시 볼륨을 생각해 보자면 상당히 추상적인 단어들이 연상된다. 아파트, 부동산, 재개발, 쇼핑타운, 빈부 격차, 대기 오염, 경제 성장, 도시 재생 등 세계 어느 대도시에도 해당되는 글로벌 시티의 현상부터 먼저 떠오른다. 그렇다면 일상에서의 도시를 말해 본다면 어떨까? 지하철을 타거나, 마을버스를 이용하고, 골목을 걸으며 도시를 경험하다 보면 머릿속에 무수한 작은 장소들, 빼곡한 삶의 장소들이 복합적으로 쌓여 간다. 신체가 도시 속으로 파고들어 갈수록 메가시티라는 거대한 볼륨과 형식은 잊혀져 간다. 그리하여 경험되는 것은 메가시티 속에 존재하는 수많은 마이크로시티이다. 이렇게 하나의 도시 안에는 규정할 수 없는 장소, 명명할 수 없는 장소가 수없이 존재한다. 서울을 비롯한 거대 도시의 형태와 볼륨 너머에는 보이지 않는 마이크로한 장소와 삶의 이야기가 도시의 지층으로 쌓인다. 도시의 이면에는 소소한 시공간의 켜가 빼곡하나, 이는 도시가 변화하고 확장할수록 가장 쉽게 허물어지는 영역이기도 하다. 도시의 표면과 권력, 거대 메커니즘에 가려진 서울의 미시적 장소성을 어떻게 접근할 것인가?

도시 개입 프로젝트 〈마이크로시티랩〉

오늘날의 도시 공간에 다가가고자 한 여정은 〈마이크로시티랩Micro City Lab〉을 기획하는 계기가 되었다. 영등포 양평동의 낡은 공장 건물에서 10월 한 달간 열린 〈마이크로시티랩〉2016.10.7.~10.30, 인디아트홀 공 / 서울시 외부 공간은 서울이라는 거대 도시를 마이크로한 개입을 통해 다양한 층위로 논의하고자 한 프로젝트이다. 전시는 예술가들의 최소한의 '도시 개입urban intervention'을 통해 메가시티에서 잘 드러나지 않는 미시적 장소성에 대해 발언하고자 하였다. 이때 장소로의 개입은 예술에서 다소 과도하게 남용되는 개념, 형식, 미적 실천으로부터 거리를 두었으며, 장소를 중심으로 한 예술의 최소한의 개입이라는 의미에서 '마이크로 개입'을 제안한다. 11개국 출신의 17팀의 미술가, 건축가, 컬렉티브는 직접 서울의 외부 공간(공공 장소, 골목, 근린공원, 유휴 공간, 재개발 지역, 문화 공간, 상업 장소, 강 등)에서 각각 개입 프로젝트를 진행하였다. 도시에 개입한다는 것은 장소성에 대한 실천, 도시 공간과 자본 사이에서의 모순, 도시 공간의 자생력에 대한 고민, 그리고 이에 개입하는 예술의 윤리 의식에 대한 논의들을 쉼 없이 불러일으킨다. 도시 공간에 작동하는 사회구조, 자본, 힘의 논리와 모순을 질문하고, 이로부터 장소를 주체적으로 파악하고자 한 개입 작업을 몇 가지 소개하고자 한다.

1 〈마이크로시티랩〉
전시 전경(도시개입지도)
인디아트홀 공
2016

2 〈마이크로시티랩〉
전시 전경(도시개입룸)
인디아트홀 공
2016

3 〈마이크로시티랩〉
전시 전경
인디아트홀 공
2016

도시 공간의 비가시적 구조에 개입한 건축가들

건축가들의 개입에서는 도시의 권력으로부터 소외되어 온 장소들의 자생성과 건축적 역할이 탐구된다. 베이징의 건축가인 피플즈 아키텍처 오피스People's Architecture Office는 인디아트홀 공이 위치한 양평동 소형 공장 지대의 장소성에 주목한다. 메가시티의 구석지고 후미진 곳에 깊이 틀어박혀 있는 소형 공장들은 뻗어 나가는 배기관 망을 통해 흐르는 공기로만 도시와 연결된다. 파이프 구조를 건물 외부로 드러낸 건축가의 작업은 이러한 관계를 뒤집어 보인다. 서울에 건축사무소를 둔 이탈리아 건축가 모토엘라스티코MOTOElastico는 서울의 거리 노점상이 도시를 임시적으로 빌려 쓰는 방식에서 착안하여, 공간 점령의 도구로 개발한 돗자리 '모톳자리'를 세계 곳곳에 있는 12명의 메신저에게 나누어 주었다. 메신저들은 배포 받은 돗자리로 각 도시의 공공 장소를 창의적으로 사용해 보고 그 결과를 인스타그램에 공유한다. 한국 건축가 정이삭은 도시에서 건축가는 물론이고 사용자도 신경 쓰지 않는 사소한 일을 찾아 나선다. 그것은 도시의 주변부에서 방치된 기울어지거나, 비뚤어진 건축적 구조를 수리하는 일이다. 건축가는 한 슈퍼마켓에 기울어진 채 방치된 평상을 새 평상으로 교체해 주고 수평을 맞추어 사용자를 배려한 건축적 개입을 도모한다. 기울어진 평상의 수평을 맞추고, 평평한 자리를 만드는 일은 삶을 안정적인 구조로 지지하는 건축의 사회적 역할을 시사한다.

4 정이삭
노란 평상
평상 교체 전경
〈마이크로시티랩〉
서울
2016

5 피플즈 아키텍처 오피스
파이프 드림
설치 전경
〈마이크로시티랩〉
서울
2016

도시의 보이지 않는 지층, 냄새로부터

모든 것이 마스터 플랜화되어 있는 도시에서 개입이란 도시에 부여된 형식과 장소들을 꿰뚫고 들어가는 것이다. 마이크로한 개입에 있어 예술가의 신체를 배제하지 않을 수 없다. 개입에서 가장 중요한 매체는 장소에 연루된 몸, 바로 도시에서 살아가는 우리의 신체이기 때문이다. 도시의 보이지 않는 지층, 감각의 층에 접근하는데 도시의 냄새에 주목한 작가들이 있다. 장소를 종일 걸으며 냄새를 기록한 이아람의 작업은 신체의 미세한 감각과 지각을 통해 도시 공간을 발굴하려는 노력이 담긴다. 위에서 소개한 '피플즈 아키텍처 오피스'의 건축 작업에서도 냄새는 중요하다. 건축가는 파이프 구조를 통해 외부(공장 지대)의 공기를 전시장 안으로 계속 유입시키며, 관람자들에게 끊임없이 이 곳의 장소성을 환기시킨다. 이 파이프 구조물 구상 단계부터 고려한 것이 있는데, 바로 삼겹살 구이집의 환기 파이프이다. 건물에 설치된 파이프 밑에서 BBQ 파티를 하고 삼겹살을 굽는 동안 그 냄새와 연기가 파이프를 타고 올라가 전시장 안을 쾌쾌한 냄새와 연기로 교란시킨다. 건축가의 작업은 파이프를 통한 냄새처럼 삶과 예술이 한데 얽혀 있음을 건축적 관계망을 통해 증명해 보인다. 도시 담론을 냄새로 관련해 볼 때, 언메이크 랩Unmake Lab의 스마트 쓰레기통 리서치, 송도 피크닉에서는 스마트도시의 통제된 감각 지층이 발견된다. 언메이크 랩이 송도를 방문했을 때 '특정한 냄새를 맡을 수 없었던' 생경한 경험은 스마트도시에 부여

6 피플즈 아키텍처 오피스
파이프 드림
BBQ 퍼포먼스
〈마이크로시티랩〉
서울
2016

된 무색무취의 도시 정치학을 드러낸다. 문명사회, 디지털 도시에서의 냄새란 일종의 터부, 금기와 같이 치부되어 오고 있다. 골목에서의 냄새, 악취가 들끓는 장소가 실제로 우범 지역, 소외 지역으로 구역화돼 온 상황을 보자. 도시의 냄새는 장소와 사람을 규정하는 보이지 않는 감각적 지표 중 하나이다.

도시에 떠도는 시각적 파편에 담긴 장소성

개발과 재개발, 최근에는 재생이라는 말까지 더하여 도시는 끊임없이 더 나은 모습으로 진화하고자 한다. 여전히 도시 성장의 욕망으로 몸살을 겪는 이 도시에는 불과 몇 십 년 전의 동네, 길, 건물마저도 쉽게 허물어지고 만다. 개발로부터 밀려난 구역에는 다행히도 의도치 않은 시간의 흔적들이, 마치 파편들마냥 곳곳에 흩어져 도시의 풍경을 이룬다. 지금 우리 도시의 풍경을 이루고 있는 소소한 장소들, 과거의 시간을 품고 있는 시각적 요소는 몇 달 후면 사라지고 부서져 버릴 전경이다. 가치가 없기에 도시에서 쉽게 축출되는 것들, 도시에 파편적으로 남아 있는 시각적 징표와 틈의 장소들에 어떻게 예술이 개입할 수 있을지는 두 작가의 개입 작업에서도 시도된다. 프랑스 작가 줄리앙 코와네Julien Coignet는 한국의 도시 풍경에서 제거되고 있는 시각적 요소인 60~70년대 후반 주택에 흔히 사용하던 작은 타일 문양에 주목한다. 다수의 골목과 주택가가 재개발되며 찾아보기 힘들어진 타일은 우리 도시에서 쉽게 사라져 온 시각적 요소라 할 수 있다. 타일의 유형과 형태

7 줄리앙 코와네
   모자이크 프로젝트
   설치 전경
   〈마이크로시티랩〉
   서울
   2016

를 분석하여 스티커로 제작한 작업은 지금 한국의 도시 풍경에서 사라지고 있는 시각적 요소를 일시적으로 재등장시킨다. 태국 작가 젯사다 땅뜨라쿤웡Jedsada Tangtrakulwong의 경우 벽돌 건물의 구조적 형태를 연구하여 가짜 스티커로 제작하고, 이를 진짜 벽돌 건물의 벽면에 부착한다. 두 작가의 작업은 급변하고 있는 서울의 도시 공간에서 오늘날 우리를 형성하고 있는 장소의 물성, 표면의 정체를 섬세히 직시하게 한다.

자본의 점유에 대항한 틈새 공간으로의 개입

도시의 공공 장소는 의심할 수 없이 상업 공간과 결합되고 있는 추세이다. 서울역, 용산역, 명동역, 신촌역, 강남역, 신도림역 등 많은 인파가 오가는 지하철 역사를 떠올려 보자. 공공 장소의 용도는 상업 공간과의 결합을 통해 시설을 확장하기도 하고 이윤을 도모하고도 한다. 멕시코 출신의 작가 움베르토 두크Humberto Duque는 소비적 공간이 일상화된 한국 사회에 관심을 가졌으며, 이를 개입하는 방식에서 작가가 떠올린 것은 바로 서울의 백화점에서 사용하는 폐점 음악closing song이다. 백화점의 폐점 시간인 저녁 8시경 클래식 음악과 함께 사람들이 유유히 백화점을 빠져나오는 장면을 보며, 작가는 이 소비 공간의 음악을 길거리에서 연주하는 퍼포먼스를 구상한다. 영등포역은 역사 앞거리가 공공적 성향이 강한 편이라 개입의 장소로 선택했다. 거리에 키보드를 설치하자마자 백화점 경호원의 저지가 들어왔고, 감시 속에서 겨우 십 분을 허락받았다.

8 젯사다 땅뜨라쿤웡
(Dis)appear
아크로미술관 외벽 설치 전경
〈마이크로시티랩〉
서울
2016

연주를 하는 동안 경찰들도 다가오긴 했지만 오히려 별다른 제지는 없었다. 거리에서의 짧은 클래식 음악 연주를 둘러싸고 상업 장소와 공공 장소 사이의 보이지 않는 위계가 극명하게 드러나는 순간이다.

도시의 공공 공간에서의 상업 전략과 사람들의 행동 패턴, 그리고 예상치 못한 도시민의 관계들이 서정적인 백화점 선율 주위로 스쳐 지나간다. 영등포역과 백화점을 드나드는 수많은 인파가 피아니스트 앞을 스쳐 가는 동안 자리를 떠나지 않는 사람들이 있었다. 영등포역 주변을 배회하던 노숙인들이다. 처음에는 다른 행인들처럼 이 곳을 스쳐 지나가다 연주가 지속되자 조금씩 키보드 앞으로 모여들기 시작했다. 심지어 30여 분간 단 한 번도 자리를 떠나지 않고 음악에 귀를 기울인 이도 있었다. 무수한 시민들이 바쁘게 거리를 지나가는 그 시간 예술가와 노숙인이 서로를 마주하는 예측치 못한 상황이 벌어진다. 백화점의 폐점 음악을 거리에서 풍자하고자 한 예술가는 그 의도와 상관없이 군중으로부터 소외를 경험한다. 감미로운 클래식 피아노 연주에도 무관심하게 제 갈 길을 가는 사람들에게서는 집단의 익명성과 바쁘게 돌아가는 도시의 구조가 담긴다. 지하철역–백화점–횡단보도 앞이라는 이 복합적 장소에서의 '백화점 음악' 연주는 평범해 보이는 도시 공간에서 작동하는 힘의 위계와 통제를 맞닥뜨린 가운데, 일상적 도시 풍경 그리고 이로부터 소외된 사람들과 마주하게 한다. 도시민의 집단적인 속도와 상관없이 피아노 연주

9 움베르토 두크
  백화점 음악
  영등포역 앞에서 피아노연주
  〈마이크로시티랩〉
  서울
  2016

앞에 멈춰선 노숙인의 존재는 대도시의 점유, 착취, 소외의 사회 구조를 드러내 보인다. 지그문트 바우만Zygmunt Bauman은 대도시에 넘쳐나는 이방인, 홈리스, 범죄자로부터 도시가 도시의 적이 되고 말았음을 지적한다. 대도시들의 여러 장소들, 구역으로부터 적대시된 사람들이 있다면 바로 이들일 것이다. 이외에도 다양한 국적의 작가들과 서울의 후미진 곳, 구석, 경계들을 떠도는 동안 우리는 여러 번 홈리스와 방랑자, 배회자, 광인을 만날 수 있었다. 이들은 오히려 '자발적인 떠돌이 여행자voluntary vagabond-tourist'로서 도시 공간의 형식과 구획들을 넘나들고, 가로지르며, 횡단하며 거리에서의 불안정한 삶을 지속해 나가는 도시민이다. 도시 공간에 부여된 자본과 권력으로부터 이보다 더 자발적이고 주체적인 사용자가 있을까.

마이크로한 장소, 미시적인 영역일수록 이에 작용하는 사회 구조를 감지하고 드러내기는 쉽지 않다. 위약한 장소라 힘의 논리로부터 쉽게 훼손되고, 소외, 방치되기 때문이다. 장소와 장소 사이에 존재하는 틈은 사회 구조 속에서 보이지 않는 갈등, 틈, 간극, 무관심이 담긴다. 도시 공간의 형식과 규정, 권력으로부터 어떻게 예술이 주체적으로 장소들을 발언해 나갈 수 있을까? 메가시티 속 마이크로한 장소들을 향한 '마이크로 개입'은 도시와 예술이 지향해 온 스펙터클, 궁극적으로 우리 사회가 욕망하는 스펙터클의 반대점에서 시도되는 개입이다. 이는 보이지 않는 장소뿐만 아니라 자본으로부터 파열된 영역, 그러함에도 불구하고 지속되어야 하는 작은 삶들에 대한 발언이다. 예술가들의 개입들이 아무리 사소하고, 잘 드러나지 않는다 하더라도 이에 가담하는 그들의 실천과 도시의 맥락을 전유하는 방식으로부터 장소성에 얽힌 지층과 사회 구조, 정치적 발언의 가능성을 엿본다. 도시의 냄새에 담긴 공간 정치, 연대와 소외 사이(틈)에서의 공간, 미래지향도시에서 배제되는 도시 지층 등 실천과 논의를 동행하며 '다른 공간'으로 나아가는 가능성을 찾아 나가고자 한다. 그러하기에 도시 공간을 주체적으로 감지하고 이를 발언하기 위한 예술가의 마이크로한 도시 개입은 계속될 것이다.

침묵과 재현[1]

김장언

큐레이터
미술평론가

나는 얼마 전 강연에서 '대화'에 대해서 이야기한 적이 있다. 나는 그 대화 앞에 '불편한'이라는 형용사를 위치해 놓았다. '불편한 대화'라는 단어에서도 알 수 있듯이 그것은 불화와 불일치를 요청하는 행위로서의 대화였다. 나는 큐레이터의 연구와 활동이 지금의 현재에 대한 어떤 불화의 순간을 출현시켜야 됨을 이야기하고 싶었다. 그래서 대화의 기술보다는 대화의 실패를 강조하고자 했다.

전시는 너무나 온순하고 착하다. 작가는 불화의 순간보다는 친화의 순간에 더욱 집중하는 것 같다. 전시는 막연한 의미의 소통의 장으로 변화되고 있다. 그러나 의미의 출현은 언제나 불화의 상황 속에서, 틈 속에서 출현한다는 것을 우리는 알고 있다.

나는 2013년 흥미로운 불화의 순간을 경험했다. 〈오프닝 프로젝트〉(구보배, 김소철, 김지연, 이철호, 정재연)는 '공공미술'이라는 하나의 사건을 서로가 이야기하면서도 결코 서로 이해할 수 없는 순간을 출현시켰다. 아르코미술관에 의해서 초대된 젊은 작가, 기획자, 건축가로 구성된 '오프닝 프로젝트 팀'은 마로니에 공원의 리노베이션과 더불어 진행된 공공미술 프로젝트 공모에 선정되었다. 그들의 기획은 매우 단순한 것으로 기존에 있는 벽을 허무는 것이다. 아르코미술관은 화장

---

1 이 글은《경향 아티클》2014년 2월호의 글을 재게재한 것이다.

구보배, 김소철, 김지연,
이철호, 정재연
오프닝 프로젝트
아르코미술관
2013

김장언

실 근처에 주변을 가로막는 벽을 가지고 있었다. 그 벽은 미술 관 최초 설계자의 의도와는 상관없이 만들어진 벽이었다. 최초의 설계자인 김수근은 낙산–미술관–마로니에 공원을 축으로 하는 소통의 통로를 만들고 싶었다고 한다. 그러나 그의 의도와는 상관없이 안전과 보안 그리고 통제의 벽을 미술관은 설치했고, 그것을 오랜 세월 동안 유지했다. 젊은이들은 그 벽을 허무는 프로젝트를 제안했고, 심사위원들은 그 안을 선정했다. 문제는 그것을 실행하는 데 있어서 미술관과 지역 구성원 일부가 벽을 허무는 대의에 대해서는 공감하면서도 그것을 허무는 것에 대해서 불편해 했다는 것이다. 공공미술 혹은 공공성이라는 개념이 동일하게 이해되면서도, 서로가 이해할 수 없는 지점을 프로젝트 팀은 출현시켰던 것이다.

가려지고 막힌 곳을 틔움으로써 공용 공간의 공공성을 회복시키고자 했던 그들의 정직한 의도는 그 벽을 둘러싼 두 주체와 더불어 불화를 야기했다. 미술관은 공식적으로 반대하지는 않지만, 자신들이 소유하고 있는 영역의 경계가 지워지는 것에 대해서 아쉬워했던 것 같다. 그리고 지역 주민, 그 지역 주민은 매우 일부인데, 바로 그 담벼락 뒤편에 거주하고 있는 지역 유지는 그 벽이 철거됨으로써 야기될 소란에 대해서 불편해 하고 있었다. 기실, 그 벽으로 인해서 지역 유지의 집 앞은 공용 공간이긴 했지만, 유사 사유지와 다름없었다. 지역 유지가 의도하지는 않았지만, 앞이 막힌 거리는 머물고 이용할 수 있는 여지를 누구에게도 부여하지 않았기 때문이었다.

구보배, 김소철, 김지연,
이철호, 정재연
오프닝 프로젝트
아르코미술관
2013

멀쩡한 담을 허물겠다는 그들의 기획은 같은 언어를 사용하지만 서로 이해할 수 없는 상황으로서 공공성과 공공미술에 대한 불화의 상황을 출현시킨 것이다. 그들이 출현시킨 불화의 정치성은 공적 영역에서 호출된 공공성의 개념에 대해서 급진적인 질문을 던진다. 우선 그들은 한국문화예술위원회가 요청하는 공공성의 개념에 전환을 요청한다. 담을 허무는 것으로 자신들의 경계에 대한 상징적 통제를 거두어들일 것을 요구하기 때문이다. 그리고 아무것도 설치하지 않음으로써 비가시성 속에서 무한한 가시성을 출현시킨다. 또한 이 프로젝트는 지워진 공간을 드러냄으로써 공간의 회복을 요청한다. 지난 시절 행정과 통치의 논리로 구축된 벽은 열린 공간의 가능성을 지워버렸지만, 그 벽을 허무는 것으로 그 열림을 다시 출현시킨다. 오스카 와일드의 『거인의 정원』에서처럼, 벽을 허물어 버림으로써 영원한 봄을 만들어 내는 것이다.

불편한 대화라는 제목으로 이루어진 강연은 그렇게 마무리되었다. 나는 전시를 시각적 구조물을 형성시키는 것으로 여긴다기보다는 오히려 대화의 방식을 구성하는 것으로 생각하는 것 같다고 생각하기도 했다. 그 대화는 앞서 이야기했듯이 친밀함을 야기한다기보다는 오히려 불편과 불일치 그리고 불화를 야기시키기 위한 방향으로 나서기 위해서 노력했던 것 같다. 대화의 불가능성 아래서 대화를 만드는 것은 새로운 지평을 상상케 하는 가능성으로 나에게 다가왔다. 강연이 끝나자 한 청중은 나에게 독백에 대한 나의 생각을 듣고 싶다고 했다. 나는 독백에 대한 그의 질문이 곧 침묵에 대한 질문처럼 여겨졌다.

나는 솔직히 그의 질문에 답할 수 없었다. 왜냐하면 나는 최근 여전히 독백과 침묵에 대해서 많이 생각하지만 어떤 뾰족한 입장을 발견하고 있지 못하기 때문이다. 아마도 그것은 현상학적 질문으로 침묵에 대해서 내가 나아가지 못하고, 나를 둘러싼 상황들에 대해서 짜증 내고 있기 때문일지도 모른다. 대화이지만 대화가 아닌 상황들, '좋아요'와 '싫어요'로 구분되는 품평의 언어들, 그리고 현실의 소란들은 침묵이라는 영역으로 나를 후퇴하게 만드는 것인지도 모른다. 더욱이 스마트 폰을 사용하게 된 이후부터는 침묵의 방문을 더 이상 환영할 수 없게 되었다. 말하지 않지만 나는 연결되어 있고 수많은 독백 아닌 독백 속에서 대화를 지켜보고 있기 때문이다.

이러한 차원에서 우리가 알고 있는 독백은 독백의 주체인 '나'를 살해하지 않는다. 데리다는 『목소리와 현상』에서 "형이상학의 역사는 자기가 말하는 것을 듣고자 하는 절대적 의지이다"라고 이야기한다. 예전에도 그렇고 지금도 그렇고 대화 혹은 독백은 자신의 존재를 증명하는 하나의 목소리일 것이다. 그러나 그것은 데리다가 언급하듯이 자기 자신의 죽음으로서 드러날 때, 목소리 이전의 침묵으로 우리를 인도할 것이다. 그래서 우리는 다시 한번, 데리다가 이야기하는 '아무것도 말하고자 하지 않는 것으로서, 말하고자 하는 의지의 체계에 더 이상 속하지 않는 것'에 대한 사유 속으로 나아가야

할지도 모른다. 독백 혹은 침묵은 그 지점에서 출현하는 것인
지도 모른다.

여기에서 우리는 에드거 앨런 포^{Edgar Allan Poe}의 발드마르
씨^{Mr. Valdemar}의 이야기를 떠올려 볼 필요도 있겠다. 그는 소리
이자 목소리로서 자신의 살아있음과 죽어있음을 동시에 알려
주었다. '구조적으로 유서遺書적인 가치를 갖는' 그의 음성은 재
현의 이분법적 가치를 전복한다. 왜냐하면 그것은 자아의 타
자인 죽음과 더불어 자신의 현존을 증명하고 있기 때문이다.
유령적 주체는 기묘하게도 차이의 목소리 너머에 있을 것 같
은 시작도 끝도 없는 재현들의 연쇄를 출현시킬지도 모른다.

최근 몇 년간 김소라의 작업은 물질적 재현을 비우고 침
묵의 한 상태로 나아가는 것 같다. 그 시작은 이유를 묻지 말
라^{don't ask me why}는 것으로 시작되었던 것 같다. 통상적 언어
행위의 중지는 우리에게 그리고 작가 스스로에게 상징적 언
어 행위에 대한 멈춤을 요청하는 것처럼 여겨진다. 침묵에
의 초대는 어쩌면 우리가 언어에 대해서 모르는 지점, 블랑쇼
^{Maurice Blanchot}가 이야기했던, 그러나 언제나 언어로 남겨진 그
상태로 나아가길 기대하는 것처럼 여겨진다.

그의 작업에서 '추상적^{abstract}'이라는 명사적 형용사는
'읽기^{reading}'와 '걷기^{walking}'라는 동사적 명사와 결합된다. 아마
도 이 결합들은 해독 불가능한 것이기 때문에 결코 표상될 수
없는 어떤 상태를 드러낸다. 그러나 불행히도 우리가 전시장
에서 경험하게 되는 '추상적 읽기^{abstract reading}'와 '추상적 걷기

abstract walking' 모두는 시각화되었다. 협업의 과정 속에서 퍼포머들은 읽기와 걷기에 집중하면서 추상적이라는 것을 물질화했기 때문일 수도 있다. 우리는 추상적인 것에 대한 감각을 잃고 그것을 시각화하는 것에 익숙해 있는 것인지도 모른다. 그러나 흥미로운 것은 지각할 수는 없지만 어떤 장면의 전환들을 우리에게 불러일으킨다는 것이다. 추상적 읽기와 걷기의 성취는 상징적 기호들이 시작과 끝도 없이 표류한다는 데 있을 것이다.

이와 관련하여 그의 작업, 〈한 점을 중심으로 하는 회전운동 A Circular movement of one point around another〉은 어떤 하나의 움직임을 추출하지 않기 때문에 특정한 의미로 발화되지 않고 끊임없이 보충되고 반복되면서 현재를 발명한다. 작가는 서울역이라는 공간을 순환하는 어떤 움직임에 대한 안내를 특정 시간에 제시하지만, 그 움직임은 재현의 결과가 아니다. 왜냐하면 그는 수행자에게 움직임을 작동시킬 조건을 제안할 뿐 의미의 표상으로서 움직임을 요구하지 않았기 때문이다. 그리고 그 움직임은 동일한 시간에 무한 반복되어 한 공간을 순환한다. 그러나 그것은 반복되기보다 조금씩 달라진다. 왜냐하면 퍼포머의 상태가 모든 것을 결정하기 때문이다. 그리고 그 움직임은 아무도 보지 않지만 누구나 보기 때문에, 의미는 그곳에서 부유한다. 그래서 그 움직임은 작가가 의도하지는 않으면서 의도했던, 의미가 부재한 의미가 작동되는 순간일지도 모른다. 이러한 그의 태도는 '고스트 레코딩'에서 보여주었던

'No Ago'에서도 발견된다. 아날로그 녹음기는 무한히 작동되면서 녹음의 녹음을, 녹음 아닌 녹음을 수행한다. 에드문트 후설Edmund Husserl이 『이념들 I』에서 언급한 드레스덴 미술관에서 테니에의 그림들에 대한 기억처럼, 재현의 재현들은 녹음의 녹음들은 명확히 규정된 의미라는 차원의 태양의 세계로 나아가기보다 어두운 미궁 속에서 음성의 반향을 무한히 창조하게 된다. 반향을 통해서 끝없는 해석의 가능성으로 나아가고자 하는 시도라고 말할 수도 있을 것이다.

　　나는 큐레이터로서 그리고 평론가로서 무엇을 말하고자 하는가? 경계라는 것은 어쩌면 여전히 의미가 발현되는 순간을 목격하기 위한 지점으로서 설정된 장소인지도 모른다. 큐레이터가 재현을 지우고 재현에 대해서 이야기하는 것은 더욱 커다란 재현을 이야기하기 위해서 또 다른 재현을 구성하고자 하는 욕망으로 읽혀지기도 한다. 그러나 우리는 다른 용어로서 재현에 대한 의미를 생각해야 할지도 모른다. 침묵으로서 의미의 발견은 중요한 가능성을 제공하지만 물리적 현상으로서 말하지 않음은 그다지 필요치 않은 것 같다. 『죽음의 선고』 혹은 『죽음의 중지』에서 블랑쇼는 다음과 같이 시작한다. "소설들을 썼지만 그 소설들은 말이 진실 앞에 뒷걸음치기 시작하던 순간에 태어났다. 진실을 무서워하는 것은 아니다. 비밀을 누설할까봐 두려워하는 것도 아니다. 그러나 지금까지 말은 내가 원했던 것보다 훨씬 취약했고, 훨씬 교활했다. 이 교활함이 일종의 경고임을 나는 안다. 진실을 조용히 내버려 두는 편이 더 품위 있는 일인지도 모른다. 진실은 드러나지 않는 편이 극도로 유용할지도 모른다. 그러나 이제 나는 곧 끝을 내기를 원한다. 끝을 보는 것, 그 또한 품위 있고 중요한 일이다." 끝을 보는 것, 그것은 어쩌면 유령적 상태가 출현시키는 목소리의 잔향을 드러내는 것인지도 모른다.

장소 안에 서기

김해주

독립큐레이터

삶의 물리적, 사회적 환경에 민감하게 반응하는 작가들에게
작업의 공간은 작업 자체에도 영향을 줄 수밖에 없다. 작가들
은 작업 공간의 필요에 따라 여러 레지던시를 이동해 다니기
도 하는데, 이러한 빈번한 이주와 적응의 조건이 작업의 내용
과 관계를 맺기도 한다. 서울시에 위치한 작가들의 레지던시
는 모두 특정한 환경에 위치하고 있거나 특정한 역사를 가진
건축물에 위치해 있다. 새로운 공간에 머물러야 하는 작가들
에게는 그 장소성이 가장 낯설면서도 동시에 가장 자극적인
정보가 된다. 서울문화재단이 운영하는 창작 공간 중 하나인
금천예술공장은 서울시 금천구 독산동에 위치해 있다. 공간의
이름에서 알 수 있듯 원래 공장이었던 곳을 개조한 것으로, 그
주변에는 크고 작은 공장들이 여전히 많이 있다. 근처 점심을
먹는 식당들에서 마주치는 사람들, 일상의 소음들, 건물의 형
체들 모두가 금천 특유의 환경을 이루고 이러한 장소 속에 살
다 보면 자연히 장소가 작업에 스며들기도 하는 것이다.

　　2016년 금천예술공장에서 열린 전시 〈장소와 각주〉에 처
음 소개된 권혜원, 이혜인 작가의 작업도 이처럼 레지던시가
위치한 장소와의 반응에서 파생되었다. 〈장소와 각주〉는 2014
년 하반기부터 2015년 상반기까지 금천예술공장에 거주했던
작가들의 그룹전이다. 원래는 그들의 레지던시가 끝나는 시점
이었던 2015년 여름에 오픈 스튜디오를 가질 예정되어 있었으
나 당시 메르스 바이러스 때문에 각종 시 주관 행사가 취소되
는 시기와 맞물려 이들의 오픈 스튜디오 역시 시작 이틀 전에

취소되었다. 금천예술공장 측은 작가들에게 오픈 스튜디오를 대신하여 이듬해 기획전을 약속했고, 이렇게 1년의 유예 기간을 지나 새롭게 열리게 된 것이 이 전시였다. 오픈 스튜디오에서 전시로 전환되면서 여러 가지 조건들이 달라졌지만, 권혜원과 이혜인 두 작가는 이참에 레지던시가 위치한 인근 지역을 다루는 새로운 작업을 제작하기로 한다. 막상 매일 드나드는 일상의 공간일 때는 다루지 않았다가 그 곳을 떠나 거리를 두고 생각해 보면서 오히려 그 장소에 더 가까이 접근하게 된 것이다. 어떤 측면에서 이 유예된 1년은 그들에게 금천에서 지냈던 경험을 되돌아보고 소화할 수 있는 시간을 주었던 것 같다.

권혜원의 단채널 영상 작품 〈기억박물관-구로〉는 금천예술공장 건물의 역사를 되짚어간다. 작가들의 레지던시로 사용되기 이전에 과연 그 곳에는 누가 머물렀고, 어떤 이야기가 있었는지를 추적해 가는 것이다. 작업은 과거 이 곳에 머물렀던 목소리를 들을 수 있다면 그들은 무슨 이야기를 들려줄 것인가를 생각하며 하나씩 질문을 던진다. 첫 번째 질문은 "누구의 땅인가?"이다. 영상은 이 건물이 지어지기 전의 시절로 되돌아가 보리밭을 비춘다. 그 곳은 원래 농부들의 땅이었다. "농지는 농사를 짓는 사람만 소유할 수 있다"는 원칙에 따라 보리를 심어 키우던 농부들이 있었다. 그러다 일제 강점기에 강제로 수탈당하고, 수탈당한 토지는 해방 후 다시 강제로 국가 소유로 넘어간다. 이 과정에서 농부의 후손들은 땅의 권리를 주장하지만 국가의 강압에 이기지 못한다. 공권력은 폭력

농부의 아버지의 아버지는

경리 직원은

권혜원
기억박물관-구로
HD 비디오, 스테레오 사운드,
세로형 비디오 설치
12분 33초
2016

을 행사하기도 했다. 국가 소유의 땅이 된 이 곳은 박정희 시대에 이르러 수출을 위한 제조업의 기지로 지정되고 구로공단으로 명명을 받게 된다. 영상은 이렇게 순차적으로 장소의 역사를 훑어가고, 1975년 건물이 세워진 이후에는 이 건물의 역사를 중심으로 이야기를 전개한다. 건물은 먼저 전선을 제조하는 공장이었다. 전선 공장의 이야기를 대표하는 것은 당시 경리 직원으로 시작했다가 15년 후 자금 이사가 되고, 현재는 치매에 걸려 요양소에 있는 한 여성의 일화이다. 공장의 흥망성쇠를 함께한 그녀는, 작가가 리서치의 과정에서 알게 되어 직접 만났던 사람이다. 그리고 그 당시 옆에 있던 온도계 공장의 이야기도 짤막한 문장으로 등장한다. 바닥에 수은이 떨어지는지도 모르고 그것을 호흡하던 노동자들, 수은 중독으로 잠을 이루지 못하던 그들의 이야기와 열다섯에 사망한 소년의 이야기가 이어진다. 경제 성장의 욕망이 무고한 희생 위에서 돋아 오르는 동안 전선 공장은 부도가 난다. 영상은 이 모든 사건의 구체적 인과 관계를 설명하지 않는다. 사진첩을 훑어가듯, 얇은 지층을 살짝 벗겨내듯 공장에 있었던 실제 사건과 배경이 되는 사회의 흐름을 엮어 텍스트와 이미지로 흘려보낸다. 부도 난 공장을 인쇄업자가 사들이고 이 곳은 국세청의 세금 고지서를 찍어내는 소리로 요란했다가, 다시 작가들의 레지던시로 팔리게 된다. 권혜원 작가는 이 곳에서 생활하다 보면 홀린 듯이 일을 하게 된다는 한 외국 작가의 얘기를 전해 준 적이 있다. 종종 밤에도 이어지는 반복적인 기계음 때문인지, 혹은 환청인지 잠을 쉬이 청할 수가 없다는 것이다. 공간의 습관이라고 해야 할까? 대부분 저녁에는 집에 돌아가지만, 24시간을 보내지 않더라도 왠지 피곤해지는 느낌, 이 공간이 하나의 거대한 구조 속의 부품으로 돌아가고 있다는 환영의 느낌은 이 곳을 거치는 많은 사람들이 공유하고 있는 감각인 것 같았다. 영상은 현재의 시점으로 돌아와 이 곳에서 작업하는 작가의 사적인 기억과 이 곳에서 있었던 일화, 만났던 사람들에 대한 이야기들을 전한다. 이렇게 공간을 스쳐 갔던 다양한 사람들의 파편화된 이야기를 엮어 만든 텍스트는 그만큼 복합적인 시점을 담고 있다. 화자는 정체가 명확하지 않은 관찰자이고, 때로 공간 그 자체가 내는 목소리로 들린다. 영상도 마찬가지이다. 미세하게 움직이거나 흔들리면서 풍경과 사물의 클로즈업들로 이어지기도 하고 초점을 잃은 것처럼 여러 화면이 겹쳐지기도 한다. 텍스트의 묘사에 따라 색의 필터가 입혀지거나 벽면을 따라 훑기도 한다. 복도를 따라 천천히 이동하는 장면은 마치 유령의 시선처럼, 일반적인 사람이 걷는 리듬이나 속도와는 다르다. 평소 시선이 잘 닿지 않는 건물의 구석구석을 촬영하여 시적이면서도 추상적인 풍경으로 엮어낸 영상과 수도관이나 지하 등 숨겨진 공간에서 채집한 세심한 소리들이 병치되어 고요한 긴장을 만들어 낸다.

권혜원 작가가 공간의 종적인 역사를 통해 작업을 직조한다면 이혜인 작가는 공간이 위치한 현재를 넓게 산책하고 그 장면들을 그림으로 포착하여 펼쳐놓는 방식을 취한다. 이혜인 작가는 주로 야외에서 그림을 그린다. 화구를 들고 나가 그림을 그릴 장소에 머물면서 그날의 날씨와 빛, 공기에 따라 작업한다. 그림을 그리는 공간들은 보통 작가가 거주하고 활동하는 반경 내에서 자연스럽게 정해지는데, 작가 개인의 기억과 얽혀 있거나 중요하게 여겨지는 공간들이 대상이 된다. 최근에는 작가가 오랫동안 살았던 경기도 능곡역 일대의 들판이나 작업실이 있는 홍제천변 등의 풍경 등을 그림에 담아 왔다. 무더웠던 지난 5월과 6월에는 금천구의 공장 일대에서 많은 시간을 보냈다. 여기서 그린 그림들은 모두 〈Super Table〉이라는 일련의 표제 아래 놓여 있고, 그림 하나하나에 그것을 그린 장소와 날짜, 시간을 일기를 쓰듯이 기록해 두었다. 금천구 일대의 공장들 사이사이에는 조그마한 슈퍼마켓이 여럿 있다. 손님들이 간식을 먹거나 쉴 수 있도록 그 앞에 놓아 둔 플라스틱 탁자와 의자가 작가에게는 그림을 그리는 정거장이 되었기 때문에 작업에 〈Super Table〉이라는 제목이 붙게 되었다. 그림은 인근 건물, 근처에 있는 안양천의 풍경, 슈퍼 테이블 위에 놓인 커피와 담배 같은 물건과 지나가는 사람 등을 비교적 작은 사이즈의 캔버스에 한 조각씩 담고 있다. 하루 분량의 일과를 채우듯이 길을 나선 날이면 하나씩 그림을 완성했다. 그리고 각 그림을 그린 시간에 따라 아침의 빛에서 한낮, 그리고 해 질 무렵의 붉은색과 가로등의 노란 불빛까지 변화하는 빛이 화폭에 담겼다. 그림들이 나열한 것을 보면 마치 빛의 색깔로 만든 시계와 같다. 그림 속에는 공장의 분주한 일

이혜인
Super Table
2016

이혜인
Super Table
2016

상이나 노동의 모습처럼 공단이라는 특수한 장소성을 연상시키는 장면은 없다. 건물 밖 테라스에 나와 잠시 담배를 피우는 사람, 골목의 불그스름한 등불 아래 쪼그려 앉아 있는 여자, 정육점에 매달린 고기, 골목을 지나는 고양이 등이 등장한다. 특별한 설명을 들을 수 없다면 불특정한 도시 변두리의 풍경처럼 보이고, 초점이 나간 상태로 찍은 스냅사진처럼 무심해 보인다. 물론 금천과 그 주변에 익숙한 사람이라면 그림에 자주 등장하는 커피, 김밥, 담배 등이 이곳 노동자들이 자주 먹는 간식이고, 인근 가게마다 이 글자를 A4지에 프린트하여 창문에 붙여 놓는다는 것을 알아차릴 수도 있다. 그림 속 풍경이나 인물들은 자세하게 묘사되어 있지 않다. 거친 붓 자국으로 색과 형태를 재빨리 포착하여 배치하였으나, 눈길을 끄는 강렬함이 있다. 세밀하지 않지만 둔탁하지 않고 필체와 색감도 허약하게 느껴지지 않는다. 무심한 듯 단단한 이 그림 연작들 중 유독 눈에 띄는 것은 유일하게 실내 공간을 묘사한 한 점의 그림이다. 직접 보고 그린 것이 아니라 기억을 떠올려 그린 것인데, 네 명의 여자가 방바닥에 누워서 잠을 청하고 있는 장면이다. 벽에 걸린 시계를 보면 점심 무렵인 듯하고, 창문으로 들어온 길쭉한 햇볕이 이들을 이불처럼 덮어주고 있다. 이 불쑥 튀어나온 하나의 그림 덕분에 골목과, 슈퍼 테이블 앞과, 안양천을 따라 걷던 산책의 길은 하나의 실내 공간을 동그랗게 감싸는 풍경으로 도열한다.

　가리봉동, 구로동, 독산동을 이어 펼쳐지는 이 오랜 공장의 골목들을 부르는 이름은 원래 '구로공단'이었다. 강남의 많은 지역들이 그랬듯이 허허벌판이었던 이 곳은 1964년부터 공단으로 조성되기 시작해 67년 박정희 정권의 수출산업공단으로 문을 열었다. 2,500여 명의 노동자로 시작했던 구로공단은 십 년이 지난 1977년 10만여 명의 노동자들이 모일 정도로 커졌다. 대부분이 지방에서 올라온 젊은 인력들이었고 제조업이 밀집해 있었던 터라 노동자들 중에는 십대에서 이십대 초반의 여성들이 많았다. 좁은 공장에 수십 대의 작업대를 놓은 열악한 환경, 쪽방과 벌집촌 등 구로공단은 고단한 노동의 상징이었으며, 이 곳은 노동 운동의 장소이기도 했다. 80년대에 들어서 재벌 기업이 주도하는 중공업으로 산업의 중심이 이동하면서 이 곳은 점차 쇠퇴하고 95년에는 노동자 수가 4만 2천 명으로 줄어든다. 정부는 2000년 당시 붐이 일었던 정보기술 산업 위주의 단지를 육성하기로 하면서 이름도 '서울 디지털 산업단지'로 바꿨다. 인근의 지하철역 이름들도 달라졌다. '첨단'이나 '디지털'이라는 단어로 구로공단을 대체한 만큼 그 곳 내부의 삶도 달라졌을까? 바쁜 공장의 일상과 열악한 노동의 환경은 두터운 벽체 안에 감추어져 잘 보이지 않을 뿐, 사라진 것은 아닌 것 같다.[1] 예전만큼의 쪽방촌은 없다지만, 가리봉동은 이제 한국으로 넘어온 조선족들이 거주하는 장소로서, 다시 노동 이주의 이야기를 써 가는 곳이기도 하다. 세월을 거쳐 많은 삶들이 눌려 담겨 있었던 장소인지라, 문학과 영화는 여러 차례 구로공단을 다뤄 왔다. 공지영의 등단작인 『동트는 새벽』[1988], 신경숙의 『외딴방』[1995], 황석영의 『돼지꿈』[1973] 등은 구로 공단의 노동자나 위장 취업한 대학생을 주인공으로 하는 소설이고, 영화로는 이장호의 〈바람불어 좋은 날〉[1980], 박종원의 〈구로아리랑〉[1989]도 있었다. 이창동의 〈박하사탕〉[2000]에서 가리봉동은 주인공인 영호가 다시 돌아가고픈 시절이다.

소설과 영화가 구체적인 이야기를 통해 구로공단이 번성했던 혹은 개발의 과잉된 열기로 부작용이 일어나던 70~80년대를 이야기한다면, 권혜원, 이혜인 작가의 작업은 세월이 지나 아마도 중년의 나이에 접어들고 이제 이름도 변해버린 구로공단의 현재로부터 출발한다. 이들은 공단이라는 특수함을 쫓아 공장에서의 일상을 서술하거나 노동자의 삶을 구체적이고 직접적인 서사로 보여주는 형태로 이 곳의 장소성을 반영하지는 않았다. 그보다는 이 장소를 포괄하는 기억을 단편적으로 제시하거나 장소의 현재에 포착되는 단면들을 수집해 이 파편들이 구성하는 형상으로서 구로의 과거와 현재를 이야기한다. 각기 표현의 방식은 다르지만 두 작가 모두 '지금'의 모습으로부터 장소의 의미를 찾아 나간다. 권혜원 작가는 현재의 한 지점으로부터 파 내려가면서 회고해 나가면서 화면도 설명적이기보다는 현재의 모습을 통해 연상할 수 있는 이미

---

1 서울 남부지역 노동자권리찾기 사업단 '노동자의 미래' 김성윤 사무국장은 "제조업 생산직 노동자들은 점심시간에는 아예 건물 밖에서 찾아보기가 힘들다"며 "작업과 식사 등을 모두 건물 안에서 해결해 햇빛 보기 힘든 노동자들이 대부분"이라고 말했다. 「화려해진 옛 구로공단…노동자 삶은 되레 후퇴」 2012년 1월 28일자,《한겨레신문》 http://www.hani.co.kr/arti/society/society_general/513839.html

지로 구성했다. 이혜인 작가는 산책을 통해 넓은 곳을 한 삽씩 떠내는 방식으로 이 장소의 기억과 모습을 모사한다. 권혜원 작가는 꽤 많은 사실들을 조사했음에도 불구하고 모든 것을 작업 속에 채워 넣기보다는 성긴 구멍을 남겨 두고 있으며, 이혜인 작가 역시 공단에 대해 읽거나 해석할 수 있는 기호들을 찾는 대신 마치 숲속이나 들판의 풍경을 바라보듯 눈앞에 다가오는 장면을 담담하게 그려낸다. 잠시 머물렀다 가는 작가들에게 이 곳은 어쩌면 영원한 타인의 장소인지도 모른다. 영상의 성긴 그물과 긴장 없이 포착한 풍경의 나열은 어떤 은유의 방식을 만들고 해석을 열어주기 위한 기술적인 형식일 수도 있지만 이 장소를 쉽게 대상화하지 않으려는 조심스러운 접근이라고 보았다. 꽤 많은 시간을 조사하는 데 보내고, 꽤 오랜 걸음으로 더운 날씨 속을 오갔지만, 작업으로 발화한 것들은 사실 많이 압축하고 덜어낸 결과들이다. 위로부터 조망하는 대신, 골목을 함께 걷는 시선으로 높이를 맞춘 이 두 작업을 통해 나는 그들이 그 장소 안에, 그 장소와 함께 서 있었음을 본다.

예술가의 추적

1984, 아무짝에도
쓸모없는
홍대 앞의 기억

강홍구

미술가

홍대 앞에서

2013년 오월 어느 금요일 오후 나는 홍대 앞에 있었다. 무슨 일 때문에 갔었는지는 기억나지 않는다. 저녁 시간까지 일을 처리하고 밖에 나온 순간 나는 내 눈을 믿을 수가 없었다. 사람들, 사람들의 떼가 홍대 앞의 모든 건물들을 밟아 부숴버리기라도 하겠다는 듯 흘러다니고 있었다. 상상마당 근처에서 지하철역까지 걸어가는 내내 젊은 여자들을 중심으로 한 사람의 물결이 몰려오고 또 몰려왔다. 해양 다큐멘터리에서 보는 정어리 떼의 움직임이나 가창오리 떼 군무에 휩쓸린 기분이었다. 마치 결사적으로 놀지 않으면 안 되겠다고 결심한 것처럼, 아니 어디로 가야 할지 모르는 것처럼 한국인, 일본인, 중국인, 서양인이 함께 움직이고 있었다. 이게 그 유명한 불타는 금요일의 시작이구나 싶었지만 충격 그 자체였다. 지하철역에 가까워지면 질수록 사람들은 점점 늘어났다. 지하철을 타기 위해 계단을 내려가는 것도 힘들었다. 지하철 입구는 문자 그대로 인산인해, 약속을 기다리는 사람들로 가득했고 끝없이 지하철에서 사람들이 쏟아져 나왔던 것이다.

그 동네에서 대학을 다녔고, 놀았고, 일했고, 이제 떠난 지 오래이긴 하지만 가끔 들러서 동네에 관해 좀 안다고 생각했던 내가 큰 착각을 하고 있음을 알았다. 주위 몇 사람에게 이야기해 보니 그렇게 된지 꽤 되었다는 것이다. 그렇구나. 뭐 내가 사회학자도 아닌 담에야 그런 현상이 왜 일어났는지 분석할 맘은 없다. 대신 관심이 간 것은 홍대 앞에 관한 기억들이었다. 1984년, 조지 오웰George Orwell의 탁월한 소설 제목과 같은 해에 나는 홍익대학교 회화과에 입학했다. 나이는 스물 아홉, 입학 바로 전까지 어느 섬 초등학교 교사였다. 늦깎이, 늙은 학생이었지만 별생각은 없었고, 철딱서니도 없었다. 물론 지금도 없다. 이따위 글이나 쓰려는 거 보면 짐작이 가지 않는가?

홍대 앞에서 터전을 잡고 오래 살았던 문화, 예술에 관계된 사람들은 한탄하기도 한다. 홍대 앞이 어떻게 이렇게 돼버렸냐고. 누군가는 다시 돌아와 부활을 꿈꾸기도 하고 누군가는 잡지를 만들며 홍대 앞의 변화와 이모저모를 보여준다. 나는 홍대 앞에 관해서 관심이 많았던가? 그렇지는 않다. 갤러리들이 생겼다 사라지고, 임대료가 꼭대기까지 치솟고, 그럴듯한 가게나 식당 등이 생겼다 없어지고, 사람들이 이주하는 것을 멀리서, 가끔은 근처에서 지켜본 것이다.

이유는 모르겠지만 홍대 앞에 관해 뭔가 쓰려 하니 공적인 장소보다는 내가 살았던 차고, 작업실, 근처의 밥집 등등이 줄줄이 떠올랐다. 지금 길을 걷는 많은 사람들이 태어나기도 전이었던 일종의 역사가 된 곳들이다. 역사라고 말하면 너무 거창하다. 시시한 개인의 기억이라고 하는 게 옳을지도 모른다. 사실은 기억을 되살리려는 것도 아니다. 그냥 그런 곳이 있었다 정도이다.

내가 쓴 글의 목표는 어떤 교훈도, 특별한 재미도 주지 않는 것이다. 나는 이 글이 역사 비슷한 것도 아니며, 쓸모없는 에피소드나 시시한 기억의 집합일 뿐이길 희망한다. 이유는 모르겠다. 뭔가 가르치고, 치유하고, 바르게 살게 하고 읽기만 하면 인문학적, 지적 능력을 부여하겠다는 책들이 너무 많으니 지겨워서 인지도 모르겠다. 아닌가? 뭐 근본적으로 그런 능력이 없어서겠지.

글만 쓰려니 서운해서 그림도 좀 그리기로 했다. 기억을 더듬고 현장 사진을 찍고 하는 동안에 놀란 것은 내 기억이 형편없다는 것과 남아 있는 장소가 거의 없다는 것이었다. 이 골목에 내가 세 들어 살던 집이 있었는데 싶어서 사진을 찍다가 아무래도 이상해 다음 골목으로 가면 여긴가 싶었던 곳이 한두 군데가 아니다. 게다가 건물들이 너무 많이 들어서고, 있던 건물들도 바뀌어 이 근천데 하는 짐작만 갈 뿐 정확한 위치를 알 수 없는 곳도 많았다.

그림을 그리는 것도 쉽지 않았다. 장소를 일일이 기억을 더듬어 그리자니 너무 힘이 들어 인터넷을 뒤져 자료를 모으고 그걸 바탕으로 지금 그 장소의 사진을 변형한 다음 그 위에 조금만 기억을 보태기로 했다. 물론 한계는 많다. 정확한 고증을 하려는 것도, 공식적인 기억도 아닌 데다 자료들도 충분치 않다 보니 대강 그린 곳이 많다. 일러스트 비슷한 일이 그렇듯이 잔손이 너무 많이 가서 그랬다는 게 솔직한 표현일 것이다.

아무튼 이 글이 아무 쓸모없기를 빈다. 뭔가 쓸모 있는 것으로 가득 찬 세상에 쓸모없는 글도 한 편쯤 있다고 큰일 날 건 없지 않겠는가?

ⓒ 강홍구

그 차고는 어디쯤이었을까?

2014년 여름 칠월, 마른장마라 비는 오지 않고 날은 덥다. 카메라를 메고 집을 나선다. 작년부터 맘먹고 있던 홍대 앞 기억 순례 비슷한 것을 하려는 것이다. 지하철을 타고 합정역에서 내린다. 기억을 더듬어 내가 살았던 장소와 추억할 만한 곳을 찾는 순서를 머릿속에 그려본다. 합정역에서 시작해서 상상마당, 극동방송, 홍대 정문 서교 365, 산울림 소극장, 연남동 일대까지로 하기로 한다. 특별한 이유는 없다. 지금은 연남동, 동교동 일부, 신촌, 성산동, 당인리 발전소 근처까지 홍대 앞이라는 범위가 되었지만 전에는 전혀 그렇지 않았다. 잘해야 정문에서 걸어서 10분 범위 정도였다. 홍대 정문을 기준으로 보면 아래로는 전철역, 신촌 쪽으로는 산울림 소극장, 합정 쪽으로는 지금 상수역이 있는 곳 정도였다. 물론 찍기는 이런 순서로 대강 찍겠지만 꼭 이 차례대로 글을 쓰고, 뭔가를 그리고 책을 엮는다는 법은 없다.

처음 찾아가는 곳은 아마도 85년 이, 삼월쯤 세를 들어 십 개월쯤 살았던 성산중학교 근처 차고이다. 나는 1984년에 대학에 들어왔지만 처음부터 홍대 앞에서 자리를 잡은 것은 아니었다. 집도 없고, 돈도 없는 고학생 처지라 친척 집에 빌붙어 살기 시작했었다. 부천 단칸방에서 세를 사는 누나네였다. 지금도 늘 미안한 마음이 드는데 자형은 건설 노동자로 사우디에 있었고, 누나는 부천에서 조카 남매를 데리고 살고 있었다. 특별히 기댈 곳 없던 나는 누나네 집에서 한 육 개월 기

식을 했다. 아 이런 구차한 이야기를 쓰고 싶지 않은데 삶이란
게 그렇다 보니 쓰게 된다. 슬프다.

자형이 돌아온 뒤 초등 교사 시절 재직 중 공제회에 적금
붓듯 부었던 돈 250만 원이 나왔다. 그 돈으로 삼선교에 있던
아는 사람이 하던 화실 하나를 인수했다가 재빨리 망하고, 이
듬해에 남은 돈 50만 원으로 성산중학교 근처에 차고 한 칸을
얻었다. 당시 홍대 앞 서교, 동교, 성산, 창전, 연남동 일대에 단
독 주택들은 대개 차고를 작업실로 세를 내주고 있었다. 대개
보증금 50~100만 원에 월세 3~5만 원쯤 했던 것 같다. 물론 차
고의 크기와 조건에 따라 달랐지만. 누군가는 번듯한 이층 건
물 한 층을 전세 500만 원에 살기도 했지만 대부분은 비슷한
처지였다.

내가 세든 차고는 셔터를 올리면 알루미늄 섀시로 된 미
닫이문이 나오고, 그 문을 열면 시멘트 바닥 그대로였다. 한쪽
구석에 수도는 놓여 있었지만 화장실은 없었다. 비가 오면 바
닥으로 물이 흐르기도 했고 잠자리는 중고 일인용 간이침대
였다. 난방은 물론 전기 장판과 남대문 시장에서 산 침낭, 유
명제품 한번 써보겠다고 역시 남대문 시장에서 산 영국제 알
라딘 중고 석유난로였다. 서울의 겨울은 추웠다. 특히나 처음
올라온 해 겨울은 영하 18도 이하의 날씨가 계속되었다. 따뜻
한 남쪽에서 올라온 내게 그런 추위는 처음이었다. 햇빛이 쨍
하게 비치고 바람도 불지 않는데도 아침에 일어나 보면 자리
끼로 떠놓은 물이 꽁꽁 얼어 있었다. 한기가 도는 이불 밖으로

나오기 싫어 꿈틀대다 침낭에서 몸을 꺼내면 왜 이러고 사나 싶은 생각도 들었다. 밤이 되면 더 감상적이 되었다. 추위와 배고픔과 외로움이 나를 잠깐 시인 지망생으로 만들기도 했다.

나무 가지에 초록 잎이 숨은 것처럼

/물감 속에 꽃이 있다고 생각한 적이 있었다

-미친 거지

불빛이라고는 담뱃불 밖에 없던

/영하 십팔 도 차고 작업실에서

슬픔이 얼면 무슨 색이 될까

/도대체 배고픔은 어떤 선으로 그려야 될까

/그런 때가 있었다

-제정신이 아니었지

아무리 눈이 내려도 덮을 수 없던 죄책감

/영하 십팔 도가 되어도

/얼어붙지 않는 괴로움이

빈 뱃속에 있던 겨울

-맙소사 굶기까지 했었나

… …

더 읽기는 민망하니 그만 생략하기로 하자. 그런 시절도 있었구나 하는 정도로. 그 차고에서 지내던 시절 뭐 특별한 것은 없었다. 일자리가 없어서 그걸 구하느라 애먹었던 기억이 난다. 간신히 이곳저곳 수소문을 거듭하다 조교실의 소개로 종로의 어느 작은 화실에서 학생들을 가르쳤다. 아마도 그때 일주일에 삼일, 수업 후 네 시간씩 일하고 15만 원쯤 받았던 것 같다. 지금 생각해 봐도 나쁘지 않은 일자리였다. 1984년 이월에 내가 초등학교를 그만둘 때 월급이 22만 원쯤이었던 것에 비하면 더욱 그렇다. 미술학원, 화실에서 아르바이트하는 사람들끼리 농담 삼아 '몸 팔러 간다'고 했던 그 일은 대개 보수가 그 정도였다.

그 차고를 다시 찾기 위해 성산중학교 근처를 갔다가 당황했다. 어딘지 짐작은 가나 정확히 이 집이라고 할 곳은 없었다. 이미 여러 집들이 헐려 새 빌딩이 들어선 곳이 많았다. 헤매고 헤매다 겨우 겉모양이 비슷한 집을 찾아 사진을 찍었다. 물론 살았던 곳일 가능성은 높지 않다.

계단집과 용인집

홍대 정문에서 서교 놀이터 쪽으로 길을 건너면 가장 먼저 눈에 띄는 식당이 있었다. 크기는 자그마했지만 이름과 지리적 조건, 두 집이 나란히 붙어 있다는 점 등 때문에 많은 사람들이 기억하는 계단집과 용인집이 그곳이다. 누군가는 홍대 학생들의 술자리는 계단집과 용인집에서 시작해 서교 시장 근처의 이모집에서 끝난다는 이야기도 했다. 사실 대부분의 술자리가 꼭 그렇지는 않더라도 대개 정문 앞에서 시작해 시장 근처에서 해장국이나 해장술을 마시며 끝나는 것은 사실이었다. 체질에 맞지 않아 술과 별로 친하지 않은 나도 기억을 더 듬어 보면 가끔 끼었던 술자리는 그랬던 것 같다. 두 집 주인 아저씨 사이가 좋으니, 나쁘니 따위의 이야기도 있었지만 그런 것은 알 수 없는 일이었다. 그런 소문이 있었다는 것 자체가 우리 사이에 두 집이 관심의 대상이었다는 뜻일 것이다.

계단집이 오른쪽, 용인집이 왼쪽이었다. 홍대에 관한 기억을 쓰기 위해 이곳저곳 인터넷 서핑을 하다《스트리트 H》라는 잡지를 발견했다. 그 잡지에 나와 비슷한 내용의 짧은 글이 계단집에 관해 실려 있었다. 사진과 더불어 거기에는 두께 2cm의 노릇노릇하게 구운 파전이 맛있었다는데 나는 다른 집 파전이 기억날 뿐 그 집 파전은 기억나지 않는다. 용인집 아저씨가 약간 키가 크고 머리가 벗겨졌던 것 같다. 물론 정확치는 않다. 입학하자마자 고향 출신 후배와 삼겹살을 안주로 한 잔 마셨던 곳은 계단집이었다. 고기를 구워 콩가루에 찍어 먹는 식이었다. 다른 음식도 여러 가지를 했다. 간판에 쓰인 것처럼 감자탕에다 김치볶음밥, 라면 등등. 점심 시간 무렵이면 잠시 줄을 서야 했던 기억도 난다.

이상한 일이지만 당시 그 근처를 왔다 갔다 했던 거의 모든 사람들이 이 두 집을 기억하지만 구체적으로 뭘 먹었는지 맛이 어쨌는지는 기억하지 못했다. 나도 어느 해인지 저명 일러스트레이터인 H, 대학에 있는 Y, 당시에 한 갤러리에서 일하던 K와 밤늦도록 계단집에 앉아 있었다. 하지만 뭘 먹었는지, 무슨 이야기를 했는지는 전혀 기억이 나지 않는다. 누군가

술주정을 좀 했던 것도 같고 나중에는 지겨워져서 얼른 튀어야지 했던 것도 같다. 그러니까 익숙한 장소에 대한 기억조차도 아주 특별하지 않으면 부정확하기 짝이 없는 것이다. 단지 아련한 분위기만 기억하는 경우가 대부분인 것이다. 그런 장소들이 이른바 감정적 장소일 것이다. 감정적인 뭔가를 환기하기는 하지만 자세한 기억은 없는 그런 곳. 계단집과 용인집은 90년대 초반쯤 그 자리에 새로 건물이 들어서면서 사라졌다. 다른 곳으로 옮겨 장사를 계속하지도 않았다. 그리고 모두에게 기억만 남아 있다. 그것도 불분명한 채로.

세상에서 제일 작은 가게

내가 본 세상에서 제일 작은 가게도 홍대 앞에 있었다. 버스정류장 바로 앞이었다. 당시 홍대 앞을 다니던 버스는 361번과 7-1번이었다. 지하철 2호선이 84년에 개통되었으나 정문에서는 한참 떨어져 있어서 홍대 정문 앞에 서는 거의 유일한 대중교통이었다. 361번은 망원동에서 미아리, 삼양동을 거쳐 수유리까지, 7-1번은 망원동에서 청계천을 지나 고대 쪽까지 갔던 것도 같다. 지금도 아마 번호는 달라도 버스 노선은 비슷할 것이다.

버스정류장 앞 가게는 지금은 사라진 홍익화방과 그 옆 병원 틈새에 있었다. 건물과 건물 틈새이니 이른바 틈새 가게이다. 가게는 나이가 많으신 할아버지와 할머니가 했다. 지금은 사라진지 오래된 버스 회수권과 토큰, 신문, 담배 껌이나 과자 따위가 파는 물건의 전부였다. 너무나 작은 가게여서 다

ⓒ 강홍구

1984, 아무짝에도 쓸모없는 홍대 앞의 기억

른 것들을 가져다 놓을 공간도 없었다. 나는 그 가게에서 담배와 신문을 주로 샀었다. 어느 해인가 김일성이 죽었다는 호외도 거기에서 얻어 보았던 것 같다. 어쩌다 아침에 일찍 학교에 갈 때면 문을 열고 신문을 가지런히 정돈하고 있는 할아버지를 볼 수 있었다.

그 할아버지의 얼굴을 그릴 수 있을 것 같기도 하다. 물론 환상이다. 비슷한 모습의 다른 어떤 분과 얼굴이 겹쳐 떠올라서일 게다. 키가 작고 허리는 구부정하며 듬성듬성 남은 흰 머리카락이 땀에 절어 정수리 근처에 착 붙어 있는, 무엇보다도 느릿한 움직임이 떠오른다. 담배를 주문하면 담배와 거스름돈이 몇 초는 걸려야 나오던. 아니다 이 모든 것들도 일종의 만들어진 기억일 것이다. 가게가 있었다는 것과 노부부가 운영했다는 것 말고는 모조리 환영인 것이다. 기억이란 일종의 환영임이 틀림없다.

그 작은 가게에 대한 어떤 에피소드도 없지만 그냥 지나가다 보는 것만으로도 참 열심히 사시는구나와, 산다는 게 힘들구나를 동시에 느끼게 했다. 그리고 그 가게는 아직도 내가 아는 가장 작은 가게이다. 두 건물 틈새에 그 가게 터는 아직도 그대로 남아 있다. 알루미늄 섀시로 만들어진 내리닫이문에 낙서꾼들의 낙서가 그려진 채로. 붉은 줄무늬 차양이 정말 있었는지는 묻지 말기 바란다. 있었다면 이런 여름날 두 분이 좀 더 시원하지 않았겠는가 싶어서 그냥 그린 것이니.

황씨를 위하여 — 겹세를 들어서

세든 차고라고 추정되었던 곳을 지나 상수역과 합정역을 잇는 큰길을 건너 몇 걸음 더 걸어가면 두 번째 세 들어 살던 집이 나온다. 차고에서 살던 몇 개월이 힘들었기 때문에 차고가 아닌 그냥 보통 집에서 살고 싶었다. 하지만 주머니는 여전히 50만 원이 전부이고 그 돈으로는 들어갈 만한 곳이 없어 헤매고 헤매다 찾은 집이 선반공 황씨의 집이었다. 이 집은 내게 여러 가지 추억거리를 주었다.

서교동 일대는 당시에 중산층 이상이 몰려 사는 주택가였다. 나름의 자부심이 있고 텃세도 세서 버스가 집 근처를 통과하는 게 싫다고 노선을 바꾸라고 압력을 넣어 노선이 바뀌었다는 이야기도 있었다. 물론 장난기 다분했던 미대 학생들 중 일부는 그 동네로 옷을 갈아입으러 가기도 했다. 아니 훔쳤다고 해야 하나. 정확히는 훔쳤다기보다는 바꿔 입었다는 표현이 옳을지도 모르겠다. 평일 대낮이면 동네는 고즈넉했고 돌아다니는 사람들도 거의 없었다. 그럴 때 슬쩍 집에 스며들어 마당이나 옥상에 내건 빨래에서 티셔츠 따위를 들고나와 갈아입었던 것이다. 집이 먼 남학생들 가운데는 실기실이나 친구들 작업실에서 며칠째 빌붙어 지내다 갈아입을 옷이 없어 저지른 일이었다. 지금은 곳곳에 카페와 음식점, 술집이 발길에 챌 정도여서 여기가 그 주택가가 맞나 싶을 지경이다.

내가 세 든 집 주인은 어느 중학교 교장이라고 했다. 강남 쪽에도 집이 있어 그 집은 전체가 셋집이라고 했다. 빛바랜

파란 칠 나무 대문과 시멘트 담장 안에는 제법 넓은 뜰이 있었다. 그리고 몇 개의 방과, 입식과 전통 방식이 뒤섞인 부엌, 한마디로 70년대식 양옥과 한식과 일본식 가옥 분위기가 교묘하게 뒤섞인 집이었다.

집에는 두 가구가 세 들어 있었다. 큰 방 두 개와 큰 부엌에는 중국집을 운영하는 40대로 보이는 부부와 남매로 이루어진 일가가, 작은 방 두 개와 작은 부엌에는 갓난아이가 있는 신혼부부 황씨네였다. 내가 세를 든 곳은 황씨네 두 방 중 작은 방이었다. 그러니까 주인이 아닌 세를 든 황씨네와 계약을 해서 세를 든 것이다. 이른바 겹세였다.

이사를 한 첫날 저녁 나는 황씨네에게서 저녁 초대를 받았다. 놀라운 일이었다. 처음 있는 일이었던 것이다. 서울에 올라와 몇 군데 이사를 다녔지만 지방과 다른 점의 하나는 저녁을 먹으러 오라든가 하는 게 전혀 없다는 거였다. 지방 도시에서는 셋방에 세를 들면 대개 한 끼는 밥을 같이 먹자고 하는 게 일반적이었다. 아마도 한집에 살게 됐으니 밥이라도 한 끼 같이 먹어 넓은 의미의 한집 식구라는 것을 확인하는 의미였을지 모른다. 물론 지금은 지방에서도 그런 일을 없을 것이다.

방에 들어가니 황씨의 아내는 검정 소반에 황씨와 내 밥을 겸상으로 차려 놓고 있었다. 갓 지은 뜨거운 하얀 쌀밥과 집에서 담은 김치, 기름을 발라 구운 김을 먹으며 속으로 나는 감동했었다. 서울에서 이런 대접은 처음이었던 것이다. 일종의 사람대접을 받았다고나 할까.

서로 이야기를 나눠보니 황씨는 나보다 두 살 아래였다. 경남 김해가 고향이고 일찍 서울로 와서 영등포 쪽에 있는 공장에서 선반공으로 십 년째 일하고 있다고 했다. 선반공이라는 말을 듣고 나는 황씨의 손가락을 얼른 보았다. 손가락이 모두 멀쩡했다. 고등학교 시절 공업 시간에 선반에 대해 배울 때 그런 일 하는 사람 중 절반은 손가락 하나쯤은 없다는 이야기를 들었기 때문이었다. 그리고 작은 방은 원래 동생이 쓰던 곳인데 사고를 쳐서 지금은 큰 집에 가 있어서 비었노라고 담담하게 말했다. 동생 역시 공장에서 일을 하고 있었는데 성격이 급해서 참을성이 없다고도 했다. 아마도 임금이나 처우와 관계된 문제인 듯했다.

그리고 내내 미안해했다. 뭐가 미안하냐고 하자 부엌도 제대로 없고 난방도 안 되는 방을 세를 놔서 그렇다고 했다. 한편으로는 사실이었다. 그 방의 난방은 연탄을 화덕 같은 곳에 피워 넣어야 하는 식이었다. 그런 식으로는 사실 난방을 하는 것이 거의 불가능해서 겨우내 냉방에서 살았다. 차고에서와 마찬가지로 전기 장판과 알라딘 중고 난로로.

어쨌든 황씨의 저녁 대접과 태도는 내게 신선한 충격이었다. 그를 만나자 내가 괜히 미안해졌다. 그는 나보다 두 살 아래인데도 뭔가 사람 구실을 제대로 하고 있다는 기분이었다. 나는 사람 구실 포기하고, 괜찮은 직업이라고 할 수도 있는 교사직도 버리고 헛고생을 하는 것이 아닌가 싶기도 했다. 그런 생각이 또 시 비슷한 것을 쓰게 만들었다. 이번에는 어떻

게 쓸까 고심하지도 않았다. 그냥 있었던 이야기를 쓰면 되었
다. 거기서 깨달은 게 그거였다. 뭔가를 쓰고 그리는 데 있어
구체적 경험이라는 게 얼마나 중요한지를.

황씨를 위하여

우리는 처음 만났다

아무도 주인 얼굴을 모르는

서교동-땅값만 이억 원이 다 된다는 낡은 셋집 거듭거듭 세를 들어

보증금에 보증금이 걸린 집

탱자나무 아래서

내가 들어간 날 당신은 돼지고기를 굽고 소주를 권했다

한 잔 한 잔 들어갈 때마다

스물여덟 당신의 흉터가 붉어지고

선반공 십 년

멀쩡한 손가락이 빛났다

언뜻언뜻 사람 찌르고 큰 집에 갔다는

당신 아우 이름이 비치고

떨어졌으므로 굴러가야 하는

늙은 학생-내 과거가 비치고

당신은 물었다

세상이 한 번 뒤집혔으면 어떻겠느냐고

내가 대답했다

세상이 소주처럼 깨끗한 적은 한번도 없었지만

언젠가 그런 날이 올지 모르겠다고

헛웃음과 헛웃음이 빈 탱자나무 가지에 걸려 창창 감길 때

우리 귀를 꿰뚫던

넉 달 된 당신 아들 탱자 꽃 울음소리

따라 울고 싶은 걸 참는다는 듯

울 안 나무들이

소주 잔 속에서 조용히 흔들거렸다

다시 읽어보니 새삼스럽다. 그렇구나. 그 집에 탱자나무
와 목련, 서리상나무가 있었구나. 그날 밥을 먹고 탱자나무 아
래에서 돼지 불고기에 소주를 한 잔 더 마셨나 보다. 이상하
게 황씨의 아내가 팔뚝 부분이 망사로 된 검정 옷을 입었던 것
이 생뚱맞게 떠오른다. 대문 열쇠가 없어 늦으면 담을 넘어들
어가던 기억도. 아, 그리고 그가 내게 책을 한 권 주었었다. 문
고판 아리스토텔레스의 시학이었다. 동생이 제책 일을 했었
다고. 덕분에 시학을 읽게 되었다. 물론 무슨 내용이 있었는지
기억은 전혀 나지 않는다. 또 한 70여 평 되던 땅이 당시 2억 원쯤
이었던 것도 새삼스럽다. 지금은 얼마일까?

아무튼 지금 시간이 지났으니 황씨도 오십 후반이 되었
을 것이다. 부디 잘살고 있기를 빈다. 이듬해 여름쯤에 황씨가
이사를 가면서 나도 그 방을 나왔지만 아직도 서울에서 겪었
던 가장 따뜻한 기억으로 남아 있다.

창고에서 — 빨간 바지, 형편없는 인간

황씨가 나간 후 나는 갈 곳이 없었다. 그 돈으로는 어디 쓸 만한 방을 얻을 수가 없었던 것이다. 이런 이야기를 쓰고 있으니 지지리 궁상이 눈에 보이는 듯해서 웃기기도 하고 슬프기도 하다. 그때 떠오른 생각이 세 든 집 마당에 있던 허름하기 짝이 없는 창고였다. 황씨가 이사 가고 새 세입자가 이사 오던 날 나는 주인 아주머니의 얼굴을 처음 보았다. 60대 중반 정도의 나이에 금테 안경을 끼고 있었다는 것 이외에는 아무런 기억이 없다. 사실은 금테 안경조차도 내가 만든, 영화 따위에서 나 본 것일지도 모르겠다.

창고를 쓰겠다고 했다. 주인도 거절할 이유가 없어 보증금 없이 월 5만 원씩에 창고를 쓰기로 했다. 붉은색 기와를 올린 한 네댓 평 되었을 창고는 낡을 대로 낡아 있었다. 다행히 거의 비어 있어서 짐을 치울 일은 별로 없었다. 창고 한쪽에는 다락이 있어 그 곳에서 자기로 하고, 바닥에는 난로와 책과 책상 따위를 놓았다. 다락에 올라가는 사다리는 동기들이 만들어 주었다. 창고의 가장 큰 문제는 지붕에서 비가 새는 거였다. 지붕에 올라가 몇 군데 손을 보자 전보다는 덜하였으나 기와가 워낙 낡고 대강 지은 게 문제였다. 할 수 없이 비가 새는 곳 아래쪽에 비닐 장판을 스테이플러로 찍어 붙이고, 지붕에서 새는 물이 창문을 통해 밖으로 나가도록 했다. 그러니 조금 살만했다. 비가 와도 걱정 없이 잠들 수 있었던 것이다.

새로 이사 온 세입자 가족은 오십 중반쯤의 남자와 처 그리고 고등학생이었던 딸들이 있었던 것 같다. 아닌가? 뭐 중요하지는 않다. 남자는 당시에는 드물게 헬멧을 쓰고 경주용 자전거를 타고 다녔다. 겉멋 부리기와 위세 떠는 걸 좋아하는 사람 같았다. 크게 해가 될 것은 없었지만 가까이하고 싶지도 않았다. 자기가 K대 체육과를 나왔고 체육회나 동네 유지들을 안다는 것을 자주 이야기했다.

예상했던 대로 창고에서 사는 것은 만만치 않았다. 수도는 바깥에 있었지만 물론 부엌도 화장실도 당연히 없었다. 화장실은 중국집을 운영하는 부부가 사는 곳에 딱 하나 있었는데 문을 잠그고 나가거나, 밤에는 사용할 수가 없었다. 소변은 뜰이 넓고 나무가 많으니 나무에 물을 준다는 기분으로 해결하면 되었으나 큰 게 문제였다. 그 때문에 내가 듣게 된 말이 '형편없는 인간'이었다.

어느 가을날 밤이었던 것 같다. 갑자기 아랫배에 신호가 왔다. 문이 잠겨 화장실을 쓸 수 없어서 무작정 휴지를 챙겨 주머니에 넣고 밖으로 나왔다. 근처에 공중 화장실 따위가 있을 리 없다. 그때 떠오른 생각이 가까운 곳에 있던 건축용 자재들을 쌓아 놓은 공터였다. 당시만 해도 건물을 지을 때 비계로 나무를 쓰던 시절이었다. 그래서 비계목과 거푸집 틀이 방치되듯 쌓여 있는 곳이 군데군데 있었다.

서둘러서 그 곳으로 가고 있는데 근처에 왔을 때 누군가 지켜보고 있다는 낌새가 느껴졌다. 따라오고 있는 것도 같았다. 너무 급해 주위를 살필 겨를이 없어서 공터로 들어가 비계목을 삼각뿔 모양으로 쌓아 놓은 틈새에 자리를 잡고 일을 보았다. 일을 보고 있는데 인기척이 났다. 그리고 푸래쉬 불빛이 나를 향해 비춰졌다. 깜짝 놀라 쳐다보니 아까 그 인기척의 주인공인 듯했다. 망했구나. 너무 당황해서 창피하다는 생각도 들지 않았다. 다행히 그는 푸래쉬 불빛을 거둬 딴 곳을 비췄다. 뭐 보고 싶지도 않았을 것이다. "이런 형편없는 인간 같으니라구. 어쩐지 이상해서 따라와 봤더니 뭐하는 짓이야?"라는 말이 뒤따랐다. 그보다 더한 모욕과 험한 말을 각오하고 있던 내게는 너무 관대한 표현이었다. 내가 그 말에 어떤 반응을 보였는지는 기억나지 않는다. 아마도 죄송하다는 말을 거듭하며 허겁지겁 그 곳을 빠져나왔을 것이다.

며칠 뒤 범죄자가 범행 현장을 다시 찾듯이 그 곳에 가 보았다. 그 자리는 말끔히 치워져 있었고 더 놀라운 것은 그 곳에 간이 화장실이 전부터 있었던 것이다. 푸래쉬의 주인공이 내게 '형편없는 인간'이라고 말한 것도 충분히 이해가 갔다. 그 뒤로 가끔 그가 내게 했던 말을 생각했다. 뭔가 께름칙한 일을 하기 전에 내가 형편 있는 인간인가 아닌가에 관해서.

또 하나 창고에서 살았던 시절 잊을 수 없는 것은 중국집 마누라가 바람을 핀 사건이었다. 어느 때부턴가 그 아주머니의 화장이 진해지고 옷차림이 바뀌었다. 무엇보다 몸에 끼는 빨간 바지를 입는 게 좀 이상해 보였다. 얼마 뒤 그 집에서 부부 싸움을 하는 소리가 크게 들렸다. 주로 남편이 일방적으로 퍼붓는 소리였다.

"니가 동네 챙피 당해 볼래. 그래 젊은 놈이랑 돌아다니니 좋더냐. 빨간 바지를 그놈이 좋아하더냐. 친정에 간다고 거짓말하고 그놈하고 붙어서 뭐했냐." 등등. 무슨 일이 있었는지 짐작이 갔다. 그리고 며칠 잠잠하더니 어느 날 밤 다락에 엎드려 책을 보고 있는데 남편이 아내를 찾는 소리가 들렸다. 아마 집에 안 들어온 것 같았다. 그러다 갑자기 창고 문이 확 열렸다. 놀래서 내려다보니 술에 취해 눈이 빨개진 남편이 "여기 없어?" 하고 큰소리로 묻더니 문을 탁 닫았다. 대꾸할 틈도 없었다. 한 달쯤 뒤 중국집 가족은 이사를 갔다. 중국집도 문을 닫았다. 그 이후에 어떻게 끝났는지는 모른다. 팔려고 내놨던 그 집이 팔렸고 새 주인이 나가라고 통보해 왔던 것이다.

이년쯤 뒤에 그 길을 지날 일이 있어 일부러 그 집 앞을 가 보았다. 푸른 기와를 인 멀쩡한 새집이 들어서 있었다. 시멘트 담은 붉은 벽돌로 바뀌었고 탱자나무도, 목련 나무도 흔적도 없었다. 튼튼해 보이는 철제 대문 틈으로 잔디 깔린 마당과 촌스럽고 복잡한 장식이 붙은 흰색 야외용 테이블과 의자가 비를 맞고 있었다. 장마철이었다.

ⓒ 강홍구

1984, 아무짝에도 쓸모없는 홍대 앞의 기억

한 점을
중심으로 하는
회전 운동[1]

김소라

미술가

1. 적합한 장소를 찾고 주변 환경을 잘 살핀다.

2. 대략 한 시간 분량의 동선을 정한다.

3. 한 사람의 연기자를 고용한다.

4. 날마다 같은 시각 같은 장소에서 정해진 동선을 반복한다.

김소라
한 점을 중심으로 하는 회전 운동
퍼포먼스
〈플레이타임〉
문화역서울284
2012

227   김소라

동선은 다음과 같다:

출구를 나선다. 걷는다. 서울역 앞 횡단
보도를 건넌다. 다시 한 번 횡단보도를
건너 5번 버스승강장에 선다. 버스를 기
다린다. 다섯 번째 버스가 도착하면 승강
장을 빠져나와 다시 걷는다. 횡단보도에
서 신호를 기다린다. 길을 건넌다. 마주
오는 행인과 어깨를 부딪친다. 빠른 걸음
으로 계단을 오른다. 서울역으로 들어선
다. 우측 편의점에서 신문을 산다. 로비
로 들어서 잠시 열차시간표를 바라본다.
표 사는 곳 중 제일 긴 줄에 선다. 신문을
펼쳐보며 순서를 기다린다. 차례가 돌아
오면 뒤돌아 나온다. TV 라운지에 앉는
다. 가방에서 생수병을 꺼내 물을 마신
다. 그 곳에서 잠시 정지된 시간을 보낸
다. 가방을 다시 메고 열차 타는 곳으로
향한다. 서성이며 대략 5초간 열차출발
안내판을 바라본다. 걷는다. 긴 에스컬레
이터를 타고 14:30 출발 부산행 KTX열차
를 타는 승강장으로 내려간다. 열차를 기
다린다. 모자를 고쳐 쓴다. 계속 기다린
다. 열차가 떠나면 뒤돌아 걷는다. 계단

을 올라간다. 계단을 두 칸씩 뛰어오르다 중간쯤에서 한번 넘어질 뻔 한다. 나가는 곳을 향한다. 걷는다. 서부역 출구로 나간다. 멈칫 걸음을 멈추고 방향을 틀어 다시 서울역 내부로 들어온다. 위층 로비로 향하는 에스컬레이터에 오른다. 빠른 걸음으로 로비를 가로지른다. 빠른 걸음으로 에스컬레이터를 내려간다. 빠르게 출구를 빠져나가 좌측 지하철로 내려가는 에스컬레이터를 타고 빠르게 사라진다. 그렇게 두 층을 순식간에 내려간 후 다시 천천히 올라온다. 느리게 걷는다. 난간에 기대어 잠시 주변을 둘러본다. 모여 있는 비둘기들에게 다가간다. 비둘기들이 달아난 자리에 멈춰 서 신발 끈을 고쳐 맨다. 처음 나선 곳을 향해 느릿느릿 한참을 걷는다. 입구로 들어간다. 시작했던 자리로 돌아간다.

1 이 퍼포먼스는 2012년 11월 17일부터 12월 28일까지 47일간 문화역서울 284와 서울역 부근에서 매일 오후 2시부터 한 시간 동안 진행되었다.
(퍼포머 강정석, 사진ⓒ 김태동)

김소라
한 점을 중심으로 하는 회전 운동
퍼포먼스
〈플레이타임〉
문화역서울284
2012

김소라

한 점을 중심으로 하는 회전 운동

김소라
한 점을 중심으로 하는 회전 운동
퍼포먼스
〈플레이타임〉
문화역서울284
2012

김소라
한 점을 중심으로 하는 회전 운동
퍼포먼스
〈플레이타임〉
문화역서울284
2012

김소라

김소라
한 점을 중심으로 하는 회전 운동
퍼포먼스
〈플레이타임〉
문화역서울284
2012

사진으로
생각하고
분류하기

김정은 / 백승우

출판 기획자 / 미술가

김 : 조르주 페렉Georges Perec의 『생각하기/분류하기』1985와 동일한 제목으로 '서울'을 찍고 있다. 왜 서울인가?

백 : 우리가 보전해야 할 것은 장소의 기억이다. 북서울시립미술관에서 제안한 〈2016 서울포커스: 무엇과도 바꿀 수 없는〉 전시에서 시작되었으며, 이 기회에 서울의 기억을 정리하려는 목적도 있다. 나는 세운상가–대림상가–삼풍상가–신성상가로 이어지는 형상이 서울 한 중심에 떠 있는 커다란 배처럼 보였다. 그리고 이를 통해 실패한 근대주의의 이상과 낙원상가의 불온한 기억들에 대해 기록하려 한다.

김 : 서울이란 도시 속 상가를 찍는 이유는?

백 : 나에게 있어 서울이란 도시의 기억은 이 장소들을 기반으로 하기 때문이다. 무섭고 불온한 곳이었다. 도시 한복판에 떠 있는 밀실과 같은 곳으로, 지금은 좌초된 배처럼 현재라는 시간에 밀려 떠내려 와 있다. 내 시선의 기록이 다시 이 곳으로 간 것은 사라지려는 것들에 대한 애착과 옛것에 대한 막연한 심미주의를 보여주고자 하는 것은 아니다. 실패한 근대주의에 대한 반성과 이에 대한 대안의 모색도 아니다.

김 : 그렇다면 사진으로 기억한다는 건 무엇인가?

백 : 나는 단지 이 곳에서 서울이라는 도시의 모든 것을 축약, 분류해 보고 있다. 이미 '좌초한 배'라고 하지만 나는 이 배에서 나올 법한 결과물에 대해 어떠한 예상도 하지 않은 채 무엇인가를 수집해야 한다고 생각한다.

김 : 좌초한 배와 같다는 말처럼 세운상가 사진을 보면 마치

백승우
Seoul #357
〈2016 서울포커스: 무엇과도 바꿀 수 없는〉
북서울시립미술관
2016

북한에서 제작한 홍보사진을 재구성한 〈Utopia #032〉[1]와 언뜻 유사하다. 마치 한국판 유토피아 상가처럼?

백 : 〈Utopia #032〉는 선박의 형태를 염두에 두고 재구성한 것이다. 적어도 인간이 만들 수 있는 최대 크기의 움직이는 구조물이 배라고 가정한다면, 어떤 면에서 남한의 상가들은 현대판 노아의 방주 같다. 상가 건물들 안에는 전자, 음향 장비 판매상부터 소규모 아티스트 작업장까지 예기치 않은 것들이 상존한다. 80년대 도시 계획은 근대적 유토피아를 지향했지만, 상가 내부는 훨씬 디스토피아에 가깝다는 게 흥미롭다.

김 : 당신은 종종 이미지를 극적으로 확대하거나 몽타주처럼 편집, 배열, 또는 사진의 흑백계조를 재구성하는 방식으로 도시란 대상을 거시적, 미시적 차원으로 재구성한다. 앞으로 〈생각하기/분류하기〉 작업은 어떤 방식으로 전개할 예정인가?

백 : 조르주 페렉의 글쓰기에 관한 사유 방식이 흥미롭다. 나는 글 대신 이미지를 통해 사유한다. 이와 비슷한 맥락으로 본다면 사진을 통해 관찰하고, 묘사하고, 분류한다는 것은 글쓰기 행위와 유사한 면이 있는 것 같다.

김 : 사진을 찍는 것 역시 하나의 번역 행위가 될 수 있다고 보나?

백 : 그렇다. 기록이라기보나는 번역이라는 표현이 더 적합할 것 같다.

1 백승우, *Utopia #032*, 〈판단의 보류〉, 아트선재, 서울, 2011

백승우
Utopia #032
〈판단의 보류〉
전시 전경
아트선재
2011

백승우
Seoul #113
〈2016 서울포커스: 무엇과도 바꿀 수 없는〉
북서울시립미술관
2016

사진으로 생각하고 분류하기

백승우
Seoul #366
〈2016 서울포커스: 무엇과도 바꿀 수 없는〉
북서울시립미술관
2016

백승우
Seoul #219
⟨2016 서울포커스: 무엇과도 바꿀 수 없는⟩
북서울시립미술관
2016

백승우
Seoul #128
〈2016 서울포커스: 무엇과도 바꿀 수 없는〉
북서울시립미술관
2016

김정은 / 백승우

* 다음 글은 백승우의 〈생각하기/분류하기: 서울〉[2016-] 프로젝트 진행을 전제로, 문학
동네에서 출간한 조르주 페렉의 『생각하기/분류하기』[2015] 서평에서 발췌한 일부 글
을 백승우 작가의 이휘로 재각색한 것이다.

서평 1.

프랑스 실험문학의 기수로 불리는 조르주 페렉의 『생각
하기/분류하기』[1985]는 한국에서 처음으로 소개되는 작가
의 산문집이자, 1982년 3월 3일 조르주 페렉이 죽고 난 후
에 묶어 펴낸 첫 산문집이다.

이 책은 작가들이 글 하나를 완성하기 이전의 시간
과 풍경에 대해, 발표된 글 바깥으로 무수히 사라지고 삭
제된 문장이나 생각들에 대해 사유해볼 수 있는 특별한
책이다. 무엇이라 정의할 수 없고, 분류할 수 없고, 정리
할 수 없는 찰나의 사유를 고스란히 받아적는다면 어떤
글이 나올까? 글쓰기에서 늘 시시각각 떠올랐다 사라지
는 생각이 실상 바로 글이 될 수는 없다. 그러나 글을 기
다리는 동안의 과정이야말로 작가에게 가장 고통스럽고
절박한 순간이다. 쓰기의 역사에서 '작품화'하지 못한 변
방의 영역, 기타 등등으로 요약된 채 목록화하지 못한 영
역, 하잘것없는 일상의 틈새를 페렉은 여기서 다시 조명
한다.

(한국 현대미술 사진)의 기수로 불리는 (백승우)의 〈생각하기/분류하기: 서울〉[2016]는 한국에서 처음으로 소개되는 작가의 (사진 아카이브)이자, 1982년 3월 3일 조르주 페렉이 죽고 난 후에 묶어 펴낸 첫 산문집에 (영향을 받은 사진으로 기억하기에 대한 방법론)이다.

 이 책은 작가들이 (사진) 하나를 완성하기 이전의 시간과 풍경에 대해, (사진 프레임) 바깥으로 무수히 사라지고 삭제된 (대상)이나 (순간)들에 대해 사유해볼 수 있는 특별한 (아카이브이다). 무엇이라 정의할 수 없고, 분류할 수 없고, 정리할 수 없는 찰나의 (존재들)을 고스란히 (기록한)다면 어떤 (사진)이 나올까? (사진 촬영)에서 늘 시시각각 떠올랐다 사라지는 생각이 실상 바로 (기록물)이 될 수는 없다. 그러나 (대상을 관찰하는 동안의 과정이야말로) 작가에게 가장 고통스럽고 절박한 순간이다. (기록의 역사)에서 '작품화'하지 못한 변방의 영역, 기타 등등으로 요약된 채 목록화하지 못한 영역, 하잘것없는 일상의 틈새를 (백승우)는 여기서 다시 조명한다.

서평 2.

페렉은 살아남은 자, 생존자의 눈으로 쓴다. 그에게 글쓰기란 사는 족족 사라지고 있는 지금 여기의 현장을 오롯이 목격하고 기록하는 절박한 수단이다. 이러한 작가적 태도를 번역가 이충훈은 '감각의 역사화'라고 명명하면서, "사물들 사이의 상투적인 '관계'를 고정하는 대신, 그 '사이'를 응시하는 시선이 겪게 될 '현기증'이 페렉이 쓰는 글의 주제"라고 말한다. 오늘 나의 일상에 동참하고 지금 여기의 삶을 구성한 모든 물건, 도구, 공간, 취향, 생각, 감각을 망각으로부터, 일상의 마취로부터 구해내려는 이 시도는, 전쟁과 나치로부터 부모를 빼앗긴 이 유대인 고아 작가의 자전적 삶과 맞닿아 있다. "더는 기억으로 존재하지 않는 것을 되찾게 해줄 유일한 가능성으로 남은 사물들, 더 정확히 말하면 '사물들에 대한 꿈'은, 페렉에게는 간절하게 매달릴 수밖에 없는 생의 마지막 수단이기도 하다"라고 옮긴이는 덧붙였다.

(백승우)는 살아남은 자, 생존자의 눈으로 (촬영한다). 그에게 (사진 아카이빙)이란 사는 족족 사라지고 있는 지금 여기의 현장을 오롯이 목격하고 기록하는 (유일한) 수단이다. 이러한 작가적 태도를 출판 기획자 김정은은 ('일상의 감각화')라고 명명하면서, "사물들 사이의 상투적인 '관계'를 고정하는 대신, 그 '사이'를 응시하는 시선이 겪게 될 ('지식의 위계질서')가 (백승우가 찍는 사진의 주제가)"된다고 말한다. 오늘 나의 일상에 동참하고 지금 여기의 삶을 구성한 모든 물건, 도구, 공간, 취향, 생각, 감각을 망각으로부터, 일상의 마취로부터 구해내려는 이 시도는, (오리지널 사진을 찍는 행위가 마치 물속에서 물총을 쏘는 것 같이 무의미하다고 느끼는 작가)의 (무기력한) (일상)과 맞닿아 있다. "더는 기억으로 존재하지 않는 것을 되찾게 해줄 유일한 가능성으로 남은 사물들, 더 정확히 말하면 ('도시 사물들에 대한 기록')은, (백승우)에게는 간절하게 매달릴 수밖에 없는 (사진적 고찰의 수단)이기도 하다"라고 (출판 기획자는 추측한다).

CAMOUFLAGE
위장

윤수연

미술가

대낮 도심 한가운데 텅 빈 도로, 다중 주차에 몸살을 앓던 아파트 주차장의 휑한 여유. 끝이 보이지 않던 버스 전용차 선로의 출근 인파와 칸칸이 터질 듯 사람들을 싣고 달리는 아슬아슬 퇴근길 지하철의 모습은 온데간데없다. 일제히 사라진 수천만 도시인들이 향한 〈임시광장 Temporary Square〉은 광속으로 변화하는 현대 도시가 만들어낸 '동시대적 도플갱어'를 연상케 한다. 주말과 휴일 어디론가 끊임없이 이동하는 도시-사람들-는 공공公共이 제공하고 미디어가 안내하는 '명소'와 함께 인증되고, 인스타, 페북, 트윗, 카스 안에서 분주히 공유되는 이미지들은 도시의 조급증만큼이나 익숙한 불안의 증표로 남아있다.

- 〈임시광장Temporary Square〉 2011, 작업 노트 중에서

이미지 1-1

윤수연
등신대
청남대
2010

윤수연
전두환
청남대
2010

이미지 2-1

프로젝트 〈CAMOUFLAGE 위장〉은-전작 〈임시광장Temporary Square〉에서 출발하여 확장된-일정한 패턴을 따라 반복되며 역사와 개인, 공공公共과 개인 사이에 존재하는 보이지 않는 간극을 '은폐하여 보여주기'의 방식으로 재구성한 시각예술 작업이다. 고밀도 단기 이동 인구, 즉 움직이는 도시가 향하는 전국의 휴일 명소에는 해당 장소의 역사적 사건이나 인물을 기념하는 박물관 또는 지역 특산품을 형상화한 대형 공공 조형물들이 즐비하다. 〈임시광장〉에 등장하는 '명소'들은 작업 1단계의 중심 대상이며 이들은 '주말/휴일 나들이 인증샷'의 정형화된 사진 이미지로 기록된다. 여기서 사진 기록은 두 가지의 방법으로 이루어지는데 하나는 앞서 언급한 인증의 문법을 따라 촬영한 각각의 단순 기록이며, 다른 하나는 한 장의 네거티브 위에 여러 개의 이미지를 중첩 촬영하여 '이미지를 은폐'하는 방식의 기록이다.

움직이는 도시를 따라 '은폐의 방식'으로 기록된 기이한 풍경들-이미지 2-2-은 작업의 2단계에서 규칙 반복과 난반사 방식을 따라 새로운 패턴으로 변형되고 이와 함께 1단계의 기록과 인증은 사라지게 된다.

청와대와 경복궁을
지키는 호랑이

윤수연
기념비 *Memorials*
혼합재료
가변 사이즈
2012

이미지 4–1

윤수연
안보관광 *Security Tour*
네가티브 원본
철원DMZ 안보관광 지역을
다중노출로 촬영

윤수연
안보관광 *Security Tour*
혼합재료
가변 사이즈
철원
2013

프로젝트 〈CAMOUFLAGE 위장〉이 실현된 첫 번째 장소는 2013년 철원이며, 국내외인들에게 유명한 관광지로 알려진 안보관광코스와 민통선 마을을 포함하여 레포츠 휴양지까지 철원 DMZ 전역이 작업의 배경이자 대상이 되었다. 약 1년간 서울과 철원을 오가며 때로는 휴일 관광지를 찾은 방문자로, 혹은 뜬금없는 외부 관찰자로 해당 지역을 연구, 기록하였다. 일일 방문자로 관광버스에 올라 안내자가 설명하는 철원을 학습하는 것은 개인적인 탐색과는 또 다른 시점으로 그 '장소'를 바라보고 이해할 수 있는 매우 중요한 경험이며, 마을 주민들과의 지속적인 대면을 통해 그들이 전하는 다양한 개인의 이야기들을 내면화하는 과정은 작업을 완성하는 필수적인 요소로 예외 없이 적용되었다.

주말이나 휴일이 되면 각종 도시(인들)-학교, 친목회, 가족 등의 크고 작은 단체들-의 방문으로, 한적하다 못해 적막하기까지 한 철원의 일상 풍경과는 대조되는, 문전성시를 이룬다. 노동당사, 제2 땅굴, 도라산역, 평화전망대를 거쳐 끊어진 철길 방문을 위해 민통선을 검문소를 통과하여 낯선 마을에 들어선 관광객-물론 나를 포함하여-들은 호기심 충만한 눈빛으로 창밖을 주시하거나 출처가 애매한 감개무량을 남발하기 일쑤다. 2013년 여름 철원군 관광객 유치 사업의 일환으로, 한국전쟁 당시 미군이 사용하였던-안내자가 전달한 데이터에 따르자면-소이산 꼭대기의 벙커를 새로운 기념관으로 재건하는 공사가 섭씨 35도를 넘나드는 땡볕 아래 진행되고 있었다. 당시 공사 현장에서 내려다보이는 민통선 마을은 막바지 모내기로 분주하였으며 주말 관광객들의 방문은 어김없이 이어졌다. 같은 장소에서 마주하게 되는 서로 다른 세 그룹의 개인-기념관 공사현장의 작업자, 민통선 마을주민, 관광방문객-은 작업의 앞 단계에서 기록되고 은폐된 역사와 공공의 이미지-이미지 3., 이미지 4-2-를 현재로 소환하는 매개의 주인공으로 등장하고 비로소 작업은 완성된다. 다소 복잡한 과정을 다시 한번 정리하자면, 전국 곳곳의 기념비들과 철원의 안보관광지, 민통선 마을의 풍경 등은 사진으로 기록된 후, 패턴으로 변형되어 무명의 천 위로 옮겨지고, 그것은 다시 주인공들의 의복으로 위장되어 그들이 일하고, 살고, 관광하는 현장으로 되돌아가는 것이 〈CAMOUFLAGE 위장〉의 전체 작업구조이다.

CAMOUFLAGE 위장

이미지 5

윤수연
기념비 *Memorials to A Memorial*
알루미늄에 UV 프린트
200×265cm
철원
2013

윤수연
오성산 *Mt. O-Sung*
알루미늄에 UV 프린트
200×265cm
철원
2013

이미지 8

윤수연
위장 *Camouflage*
알루미늄에 UV 프린트
200×265cm
철원
2013

1년여 동안 진행된 철원 DMZ에서의 작업을 마감하며 생각하게 된 한 가지 흥미로운 사실은, 결국 나의 시선이 머물게 된 곳이 정치적 생태를 직접적으로 이야기하거나 당시의 뜨거운 이슈들을 담고 있는 장소 또는 대상과는 거리가 먼, '분단 국경'의 작위적인 운명 위에 외부인(관광객)과 내부인(군인+지역 주민)이 만나게 되는 어쩔 수 없는, 일상의 은밀한 교차점이었다는 것이다. 하나의 작업이 끝나는 지점에서 등장한 여타의 질문들은 앞으로 풀어가야 할 또 다른 숙제로 남아 있다.

한 장의 네거티브 위에 겹겹이 기록된 역사 유물과 공공의 사건들은 반복과 난반사를 통해 새로운 무늬로 변환되고, 패턴으로 위장된 기록들은 기념관 건립 노동 현장을 가로질러 최전방 모내기 들판의 몸뻬를 지나, 땅굴 방문을 기념하는 관광객들의 사진 안에서 다시 한번 재현된다. 프로젝트 〈CAMOUFLAGE 위장〉은 긴 시간 동안 두서 없이 고민해 온 '공공과 개인', '역사와 개인', '사상과 개인'의 관계를 향한 질문의 파편들로 만들어진, 움직이는 조형물이며 위장된 현재이다.

- 리얼디엠지 2013, 작업 노트 중에서

이미지 9

〈2017.12.3.〉

김희천

미술가

〈2017.12.3.〉

김정은, 서정임, 정이삭 선생님 세 분께.

안녕하세요?

한동안(2015.6.–2016.6) 제가 작성한 메일, 블로그 포스팅, 프로텍트 계정에 쓴 트윗 메모들을 골라서 보냅니다. 어딘가에 내보내실 때, 부디 이 문단을 생략하지 말아주세요. 대신 아래 엮은 것들은 편하신 대로 재배열하셔도 좋습니다.

***

1.

(⋯)

그냥 일상적인 '편지'인데도, 편지라는 형식이 지겨운 나머지 괴롭습니다. 아무래도 요새 너무 많은 메일을 쓰고 있는 것 같습니다. 가끔 조금 긴 메일을 써야 할 때도 있습니다. 제게 워드프로세서가 아닌 곳에 길고도 긴 글을 쓰는 일은 마치 꽁꽁 언 발로 발가벗은 겨울 산을 오르는 것과도 같아 고통스럽습니다. 텅 빈 메일 창이 정말 싫습니다. 줄을 바꾸지 않고 길게 길게 이어지는 문장이 너무 흉하고 숨이 찹니다. 잠깐 덮어놓고 쉬고 싶어도 이메일 작성창은 어쩐지 저를 불안하게 해요. 산 중턱에서 잠시 숨을 고를 수는 있겠지만, 겨울의 앙상한 산에선 몸을 숨길 곳도 없이 너무 춥잖아요. 커피 한잔을 내리고 앉아, 사람이 얼어 죽는다면 자신의 마지막 순간을 알 수 있을지 상상합니다. 손과 발, 몸의 감각이 서서히 사라지다 어느 순간 무엇을, 어떻게, 느끼며 생의 언저리를 넘는 것일까요? 그 순간 앞에 놓인 두 명의 조난자가 서로 뺨을 때리며 외치는 "정신 차려!". 경계에 서서 스스로 제 뺨을 때리는 것도 가능할까요? "정신 차려! 너무 추워!" "차가워!"

(⋯)

〈2017.12.3.〉

메일에 이모티콘을 쓰세요? 전 메일을 쓰며 비로소 이모티콘의 제 의미를 깨달았어요. :)

(⋯)

그러고 보면, 예전에는 SNS 메시지로 업무 관련 연락을 주는 사람들이 괜히 조금 싫었던 것 같습니다. 그리 많지는 않았지만요. '업무 관련은 정식으로 메일을 통해'. 제가 조금 경직된 사람이었던 것 같아요. 요즘은 조금 다릅니다. 그냥 그런 방식이 도리어 반갑기도 합니다. 간단한 연락은 그렇게 받는 편이 더 좋아요. 회신하기도 쉽잖아요. 물론 자세한 사항은 결국 메일로 다시 요청을 드리게 되지만요. 처음, 서로 인사를 나누고 어떤 제안의 시작을 나누기에 괜찮다고 생각했어요.

(⋯)

최근에 여러 계정의 메일함을 정리했습니다. 이미 몇몇 계정들은 다 삭제하고 남은 계정은 세 개입니다. 네이버 메일, 전 회사 메일, 구글 메일. 네이버 메일은 9999개의 안 읽은 메일이 잔뜩 쌓여 있었어요. 카페 공지메일, 스팸메일 등등이 지저분하고 부지런하게 고여 있었습니다. 다 지우고 나니, 예전에 학교 다니던 당시에 파일 전송용으로 사용하던 흔적도 있었습니다. '입면-1.ai', '포폴 출력_마지막.psd' '1.dwg', '개폐식_레이저 컷팅.ai' 등이 '제목 없음' 메일로 오고 갔죠.

(⋯)

세 계정을 오가며, 메일을 주고받는 것과 다이어리 속지를 모으는 것이 유행이던 유년기를 지나 버디버디-싸이월드- 네이트온-페이스북을 거쳐 온 제게 메일이란 도대체 무엇인지 그리고 어떤 궤적을 그리며 멀어졌던 메일과 다시 가까워졌는(혹은 가까이 놓였는)지 생각합니다. 서로 다른 계정들에 접속해 보내온 메일들 속 여러 버전의 제가 서먹하네요. 속상해라.

(…)

서론이 너무 길었죠? ;) 글쎄,

(…)

이만 총총,
김희천 드림

2.

2016.2.6. 14:58

예전에 AK-47[1]모양의 usb를 썼던 적이 있어요. 꽤 아끼던 것이었기에 오랫동안 소중히 썼죠. 주로 학교에서 포트폴리오 프린팅할 때 데이터를 옮기는 용도로 썼습니다. 학교에 있던 공용 플로터의 프린팅 오류가 꽤 잦았기 때문에 이 usb를 부적 삼아 사용했어요. 정리가 어렵기 때문에 전 절대 메일의 '자기에게 쓰기'로 인쇄 데이터를 옮기지 않았어요. 데이터를 담아 와서 경건하게 총열에 해당하는 부분을 벗기면 usb커넥터가 나와요. 단자에 꽂아 쓰면, 데스크톱이 새로운 총열이 되는 것이라 기분이 참 좋았어요.

원래 사고 싶었던 것은 AK-47이 아닌 Uzi[2]모양의 usb였습니다. 인터넷에서 우연히 발견했는데, 정말 사고 싶었습니다. 이 Uzi 모양 usb는 제가 쓰던 것과는 다르게 탄창 부분이 데이터 저장소였습니다. 고무로 된 총 몸체에 탄창을 끼우듯 usb 커넥터를 끼워 보관하는 형태였죠. 전 그 점이 참 좋았습니다. 탄창을 꽂듯이 몸체에 usb 커넥터를 꽂는 게 괜히 의미심장했거든요.

———

1 소련에서 개발한 1947년형 칼라시니코프 자동소총
2 Uziel Gal이 디자인한 이스라엘 자체 개발 기관단총

하지만, 한국에서 이 usb를 구하기는 쉽지 않았어요. 당시 인기 FPS게임 서든어택에서 가장 널리 쓰인 덕인지, 한국에서 총하면 AK-47인 시절이었습니다. 제가 인터넷 쇼핑몰에서 찾은 총 모양 usb는 오로지 AK-47를 본뜬 것들뿐이었습니다.

(…)

만약 현실에서 저 보고 총을 고르라고 하면, 전 Uzi를 고를 거예요. 어떤 피로감도 없이 십자키만 눌러 이동하는 FPS 게임과 현실은 많이 다를 것 같아요. 아무래도 가볍게 들고 다닐 수 있는 총이 가장 좋을 것 같아요. 어차피 제대로 정조준할 용기가 아무에게도 없는 이 세상에서 살아남으려면요.

(…)

여러분 모두 배틀로얄 보셨죠? 제 친구는 "잘 버티며 살아남다 보면 총도 줍는다."고 했어요.

3.

ㄱㅎㅊ @gimmebomb 4월 8일

WTF: Reloading seems hard in VR https://youtu.be/HLWcAcpGobw

|

ㄱㅎㅊ @gimmebomb 4월 8일

손을 도형들이 대신하고 있는 점, 너무 대단하다. 신체가 없는 상태에 익숙해지는 것은 어떤 것일까? 정확하게 표현하자면, 신체를 표시하지 않아도 되는 그래픽 속의 자신에게 익숙해지는 것은 어떤 것일까?

|

ㄱㅎㅊ @gimmebomb 4월 8일

아마도 어딘가에서 들은 질문 같다.

|

ㄱㅎㅊ @gimmebomb 4월 8일

그냥 계정?? 연습하고 싶어졌다. 어설프게나마.

4.

안녕하세요? 오랜만에 e-메일 드립니다. :)

(…)

전 요즘, 아이폰 화면만을 보면서 어떤 행동을 하는 다양한 연습을 하고 있어요. 아침을 차려놓고 화면으로만 보면서 커피를 따르고 동시에 그 장면을 카메라로 녹화하는데요, 한동안 그게 가장 재밌었죠. 그래도 금세 익숙해졌어요. 이 때 가장 중요한 게 뭔지 아세요? 바로 영상에 제 손이 나오지 않게 하는 거랍니다.

(…)

조금 난이도가 낮은 것 같아서, 요새는 다른 것도 해보고 있는데요. 바로 아침을 차려놓고 영상을 찍는 거예요. 그저 최대한 곱게 음식들을 접시에 담아서 찍어요. 절대 먹거나 만지지 않죠. 천천히 줌인하면서 바라만 보는/촬영하는 거예요. 인스타에 영상을 올리고 나서 보통 다 버려요. 맛보지 않는 것이 굉장히 중요하답니다. 화면 속에 신체를 남기지 않고, 그저 바라만 보는 게 중요한 거예요. e-조상님이 되는 연습이라고 생각하시면 쉽지 않을까요?

(…)

***

그럼, 또!
이만 총총

김희천 드림

김희천

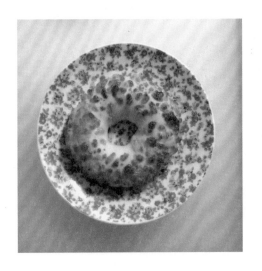

김희천

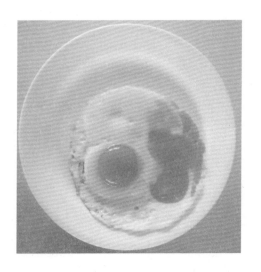

김희천

김희천

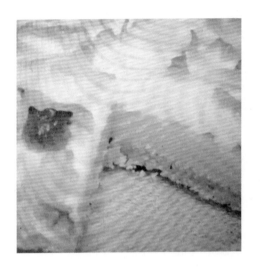

에필로그

다음
추적을 위한
대화

김정은 / 서정임 / 정이삭

출판 기획자/미술칼럼니스트/건축가

서정임 : 우리가 왜 서울을 이 책의 대상으로 잡았을까요?

정이삭 : 어쩔 수 없이 서울이 가진 대표성 때문이죠. 서울이 우리나라의 도시를 대표하는 종주성이 강하니까요. 서울을 잘 보는 일이 우리나라 도시들을 보는 일과 다르지 않으니까, 지방 도시들이 서울의 중심성을 답습하는 상황에서 서울을 보는 일 자체는 중요하죠. 어쩔 수 없이. 피할 수 없이.

김정은 : 서울이라는 대표성이야말로 어떻게 보면 각 도시의 표준화를 만들어 내는 것이 아닌가 싶어요.

서 : 저 역시 서울이라는 도시는 모든 것들이 집약되어서 시작되고 그것을 다른 지역에서 그대로 가져가서 쓰는 경우들이 많았기 때문에 처음을 서울로 잡을 수밖에 없었던 것 같아요.

정 : 심지어 지방 도시에서 나타나는 무성성도, 서울에서 가져간 무성성이거든요. 서울에서 의미 없이, 특징 없이 만들어진 수많은 신도시들이 지방에서도 반복되고 있으니까요.

서 : 저는 공간적인 측면도 있지만, 사람이 이동하면서 생기는 성질도 있다고 봐요. 판자촌 철거민 같은 재개발 논리에 의해서 이주가 발생하는 경우, 그 사람들이 서울에 있었던 생활 패턴을 그대로 가져가서 정착하며 유사한 성질을 만들어 내기도 하니까요. 수도권으로 밀려가면서 또 하나의 뭔가가 만들어지고 만들어 내는 그런 면도 있었던 것 같아요.

정 : 정부가 신도시를 만드는 과정에서 생산된 베드타운으로서의 무성 도시도 있지만, 동시에 계속해서 중심에서 밀려나고 밀려나서 확장되어 온 복제의 도시도 있어요. 두 가지 서울의 외향적 확장이 있었던 거죠. 정부가 주도해서 강남이나, 과천, 일산, 분당처럼 만들어 낸 도시도 있지만, 예를 들면 성남과 같이, 터전을 잃고 쫓겨난 사람들이 이루어 낸 도시도 있으니까요.

　　김 : 그렇다면 서울이라는 특수성이 존재할까요? 서울은 도쿄나 상하이나 홍콩 등 다른 도시들과 유사한 듯 보이지만, 유사하지 않은 지점들이 있을 것 같아요. 저는 서울의 주변부라고 믿었던 다른 신도시의 생성 과정과 소멸 과정을 인지하지 못했던 편이었는데, 이번 비평가들의 글들, 작가들의 작업들을 통해 조직화되기도 하고 생활화되기도 하는 도시의 이면을 알 수 있어서 재미있었어요.

서 : 서울이 흘러온 여러 역사 속에서 거시적으로 다뤄진 역사, 개발, 정책적인 것도 그렇고, 우리가 그런 작은 것들, 사소한 것들을 포착하는 예술가들을 이번에 모은 건데, 왜 우리가 그 사소한 것들을 왜 중요하게 생각했는지 그것을 이야기하면 좋을 듯해요.

　　정 : 그런 측면에서 조한 교수는 들뢰즈와 가타리의 레퍼런스를 통해 정리를 잘 해주었어요. 우리가 계속해서 중심으로부터 멀어져야 새로운 생각과 시스템을 고민할

수 있다는 부분 말이에요. 이 책은 그런 행위들의 모음인 거죠. 제 생각에도 우리가 어떤 하나의 개념에 대해 이해하고자 할 때, 그 개념의 변두리 모습을 확인해야 하죠. 다시 말해 우리가 서울이라는 전체의 개념을 확인하고자 할 때, 중심에만 몰입해 있으면 전체를 이해하기 어려워요. 그런 의미에서 이 책이 그 주변과 변두리에의 관심을 모은 것이잖아요. 주변을 봤거나, 그 안에서 작업하거나 글을 쓰거나 그런 거겠죠.

김 : 우리가 이번에 소개하는 작가들은 실제로 도시라는 주제로 작업하는 경우도 있고 그렇지 않은 경우도 있어요. 이 책을 묶으면서 고민이 되었죠. 하나의 샘플, 예시로 봐야 할지 말지, 우리가 도시에 대한 문제를 작가들이 얼마만큼 개입하고 작업으로 풀어냈는지 등등…

정 : 누가 있죠? 서울이 아닌 대상으로 뭔가를 한 작가가?

김 : 김희천 작업은 저에게 좀 생소한 접근 방식이었어요. 이 책에 소개된 내용 자체가 도시에 대한 이야기보다는 자기 일상의 소소한 것들, 굉장히 개인적인 것들이었죠.

서 : 강홍구 작가의 글과 이미지들도 어떻게 보면 그래요. 도시의 이야기를 하고 있지만, 굉장히 본인의 경험을 중심에 두고 서술하고 있죠. 작가 스스로 쓸모없는 것이라고 하면서요.

정 : 그 지점이죠. 그것도 아주 개인적인 자기만의 이야기잖아요. 김희천의 경우 모두가 한 가지 총을 선호하는 분위기 속에

서 그것 아닌 다른 것을 선택했던 본인만의 이유가 있는데, 그
이유 속에 자신의 정체성이 있다고 봐요.

> 서 : 우리가 생각하는 맥락에서 작업하지 않더라도, 본인
> 이 그렇게 의도하지 않았더라도, 굉장히 개인적이고 미
> 시사적으로 사소한 것들을 짚어보다 보면, 그 개개의 서
> 술들이 어떤 관계망을 형성하면서 또 다른 역사를 만들
> 게 되는 것 같아요.

김 : 정임 씨 글 중에 제가 인상 깊었던 게 공공미술의 정의를
보면 공공성과 개인성이 상당히 모호한 지점들이 존재한다는
것이었어요. 그런 맥락에서 본다면, 작가들의 작품 소재가 되
는 레퍼런스들도 어떤 면에서는 공공성과 개인성 그 사이의
불분명한 지점에 있다는 것이죠.

> 서 : 공공미술 같은 경우에는 참여형 공공미술, 커뮤니
> 티아트 등, 공공성을 굉장히 중심에 뒀던 것 같아요. 공
> 적 영역과 사적 영역을 구분시켜서, 공공미술은 공적 공
> 간에 있는 사람들을 위해 봉사해야 하는 예술품? 이런 식
> 으로 구분을 지었는데, 사실 저는 취재를 직접 다닌 입장
> 에서 그때는 이런 식으로 바라보지 않았어요. 그런데 돌
> 이켜서 생각해 보면, 그것들은 공공성과 개인성의 모호
> 한 경계 속에 있었던 것 같아요. 공공미술이 키워드로 삼
> 았던 게 참여와 소통이었고 한정된 지역을 대상으로 했
> 죠. 그러나 지역민의 개인사, 그 지역이 어떤 역사를 가
> 지고 있고 어떻게 인구가 형성되었는지 등, 이런 것을 인

터뷰하고 조사하고 아카이브하거나 벽화를 그리거나 이런 행위들을 하면서 굉장히 개인으로 소급해서 들어갈 수밖에 없었던 것 같아요. 공적 공간을 위한 예술이 굉장히 사소한 영역으로 들어가서 그 얘기를 풀어내게 된 거죠. 그것들이 나중에 모아서 보게 되니까 어떤 역사적인 망을 가지게 된 것 같아요.

정 : 개인적이라고 하는 것이 개인적인 게 아닌 거라는 말인 거죠? 우리가 개인의 역사를 들어도, 맞아! 나도 이런 비슷한 경험을 한 적 있어 하며 동감 상태에 몰입할 수 있는 거죠. 우리가 크게 다르지 않은 삶을 살았으니까. 어떤 한 사람의 내밀한 개인사가 모두에게 다 공감될 수 있는 어떤 공동성에 기반되어 있으니까요.

서 : 구분은 지어놨지만 결국엔 겹쳐지는 상태에서 공공성과 개인성이라는 두 성격을 다 가질 수밖에 없었던 게 아닐까 해요.

정 : 공공성이라는 게 다수를 만족시켜야 한다는 강박에 시달릴 필요는 없어요. 저는 공공적이라 하면 개인의 내밀한 삶 속으로 깊숙이 들어가는 게 더 효과적일 수 있다고 봐요. 개인적일수록 주변적일 수 있다는 거죠. 우리는 흔히 도시나 공간에 대한 정의들을 다수 봐야만 이해되는 통계나 기록으로 생각해 왔죠. 그렇지만 아주 사소하다고 느껴질 수 있는 개인의 역사를 관찰함으로써 다른 지점에서 서울의 성질을 발견할 수 있게 된 것 같아요.

김 : 한편으로는 이것을 기록한다는 것이 가능할지는 모르겠는데, 임시적인 거주 공간이 되어버린 서울, 도시는 하나의 큰 특징이 되어버렸다고 생각해요. 계속 밀려가고 움직이고 있는 상태인 거죠. 정착되고 정주한 상태가 아니라, 그 상태에서 계속 사라지고, 소멸되고, 재조합되는 움직임이 서울의 현재 같기도 해요.

정: 김소라의 작업 같은 경우는 우리가 전체를 볼 수 있다는 착각을 꼬집어요. 우리는 어차피 전체를 보지 못하는데, 전체를 다 보려고 하고 볼 수 있다고 믿어요. 그러나 김소라는 이것이 불가능하다고 말해요. 그의 작업 중 세계 각 지역의 작가들이 동일한 순간에 한 행위들을 각각의 방식으로 기록한 것을 모은 것이 있어요. 그런데 우리는 이런 작업을 통해서나 이렇게 이런 일이 동시에 벌어졌구나 하고 알 수 있지, 그것이 기록되지 않았다면 아무도 그 모든 시공간을 초월해서 그들을 모두 관찰할 수가 없었겠죠. 기록으로 남지 않았다면 그것으로 인한 해석을 도출할 수도 없고요. 파악할 수 없는 것인데, 우리는 그것을 다 할 수 있다고 믿는 거예요. 중요한 것들만 기록해 놓고 전체를 다 이해하고 있다고 생각하는 거죠. 중요하지 않은 것들은 왜 중요하지 않은지 그 기준도 명확하지 않으면서요.

서 : 특별한 상징성이 있는 것들로만 기둥을 세워 놓고 우리가 전체적으로 다 파악하고 있다고 믿는 건데 기둥 사이사이에 일어나는 작은 일들을 우린 알지 못하는 거겠죠.

정 : 좋은 표현이네요. 기둥.

　서 : 왜 시각예술가들은 도시를 바라볼 때 미시사적 시선이라고 해야 하나요? 개개 작가별로, 또는 기획전으로 작게 작게 움직임은 있었는데, 어떤 담론처럼 묶여서 논의되진 않은 것 같아요.

정 : 사실 건축도 마찬가지예요. 건축사라는 게 기념비들의 역사니까요. 렘 콜하스Rem Koolhaas라든가 세계적인 건축가가 말하는 선언적인 건축의 형식들을 우린 경험하지 못한 경우가 많아요. 저는 심지어 한 번도 렘 콜하스 건물 안에 들어가 본 적도 없어요. 한 번도 경험해 보지 못한 걸 건축의 어떤 시대적 흐름이라고 배우는 역사관 자체가 이상한 것 같아요. 우리가 일상적으로 마주치는 공간들의 역사는 없고 그런 기념비의 역사만 있으니까 그게 너무 이상한 거죠. 심지어 건축과를 들어가도 처음 배우는 것은 서양건축사죠. 우리 자체의 건축이 어떻게 변해 왔고, 우리의 생활 공간이 어떻게 조성됐고, 과거로부터 변화해 왔는지에 대한 공부를 하는 것이 아니라, 우리나라의 기념비도 아닌 서양 기념비의 역사 흐름을 배우는 게 건축사예요.

　모두 : 그건 미술사도 마찬가지죠.

김 : 우리가 실질적으로 서양미술사를 접해서 현대미술을 얘기하는 것은 아니니까.

　서 : 기준점은 모두 거기에 가 있어요.

김 : 그게 척도고.

정 : 마치 그것을 먼저 알고 그다음에 심화 과정처럼 우리의 주변과 나머지 역사가 시작되죠. 어쩌면 그것은 교육이 아니라, 작가들 스스로나 건축가 스스로 깨우쳐야 하는 어떤 영역처럼 되어 있어요. 연구되지도 교육되지도 담론화되지도 않은 상황에서 개별적인 행위들만 있는 상태인 거죠. 그런 행위들을 수집한 게 이 책일 수도 있고, 그래서 이 모음이 의미가 있는 것 같아요.

김 : 이 책의 레퍼런스, 작가의 작품 사례들을 모으면서 더 많은 자료들을 모아야 했었나 하는 생각이 들어요.

서 : 당연하죠.

김 : 그런 지점은 아쉽죠. 김해주나 심소미나 도시를 바라보는 기획자들의 담론이 우리 프로젝트 안에서 좀 더 심화됐다면⋯

정 : 심도 있게 더 논의되고 다음 단계의 어떤 이야기까지 번져나갈 수 있다면⋯

김 : 작가들이 어떤 맥락을 가지고 현장에서 하고 있는지를 분명하게 볼 수 있었을 텐데 아쉬워요.

서 : 저도 글을 쓰기 위해 미시사 자료를 좀 찾아봤는데, 그 얘기 중 하나가 개개로 찾은 것들이 다 증거라는 거였어요. 이 증거들이 어떤 맥락을 형성해서 기존의 역사를 반격하는 도구가 된다는 거죠. 거시사적인 역사를 반격하는 도구가 되고 그게 바로 미시사의 묘미라는⋯

정 : 자칫 기본적인 줄기가 중요하지 않다고 얘기되진 않았으

면 좋겠어요. 분명히 주된 흐름이 가진 그것 자체의 성질은 나름대로 존재 의미를 가지니까요. 다만 원하는 건 등가 정도의 가치 평가가 있어야 하는데, 이게 등가가 아니라 너무 중심으로만 쏠려 있으니까 이것의 균형을 맞추자는 의미인 것 같아요. 서로 공격하는 대상이 아닌 거죠.

　　김 : 또 하나 흥미로운 건 예를 들면, 백승우의 작업은 주로 촬영 대상이 분명하다기보다는 사진의 맥락 차원에서 이미지의 현상을 아카이브나 사진 메커니즘의 물질적 측면에서 바라보는 것이 특징이죠. 그런데 2016년 베니스 건축비엔날레를 통해 진행한 커미션 작업이라던가 북서울시립미술관 전시 〈2016 서울 포커스〉는 도시를 다른 관점에서 기록한다는 게 무슨 의미가 될지에 관한 새로운 의제를 다루게 된 스타팅 포인트로 작동해요. 이처럼 작가 개인의 사유에 의해서 그 도시의 맥락을 말할 수도 있지만, 정책이나 전시 기획 안에서 작가가 대응하는 작업들이 최근 들어 눈에 띄게 생기고 있어요. 우리가 어떤 거대 도시 담론을 얘기하면서, 예술의 개입이란 게 결국에는 하나의 정책과 기념비적인 역사를 쓰기 위한 행위의 발현으로 나타난 것이 아닌가 하는 생각이 들어요.

서 : 공공미술 프로젝트들도 원래 관 주도형이었어요. 왜냐하면 〈아트인시티〉도 참여정부 시절에 시작된 거였고, 〈도시갤러리〉도 오세훈이 시장으로 있을 때 서울시에서 추진한 거죠. 거기에서 프로젝트가 막대한 예산을 왕창 쏟아내면서 의도치

않은 돌연변이가 생겼던 것 같아요. 거대한 개념 아래 시작된 것이지만 그것을 실행한 것은 작가 개인이었던 거죠. 작가 개개인에게서 방향이 따로따로 생긴 거예요. 실제로 당시의 프로젝트들을 보면 굉장히 거친 상태가 많아요. 여기 등장하는 김소라, 강홍구처럼 세련된 맛은 없죠. 벽화 같은 1차원적인 시도들이 있었어요. 이게 10여 년이 지났어요. 그때 그런 작업을 하던 작가들이 그 연장선에서 자신의 작업을 발전시키고 있죠. 그래서 저는 관 주도라 하더라도 이런 식으로 발전할 수 있는 텃밭을 일정 부분 제공했다고 봐요. 관 주도형이 작가의 자율성 속박하면서 어떤 하나의 흐름을 만들고자 하는 식으로 가긴 하지만, 그 상황이 아예 나쁘다고는 볼 수 없을 것 같아요.

　　김 : 저도 그런 부분에서 부정적인 시각을 가지기보다는
　　　　오히려 계기와 발단을 만들었다는 데 의미를 두고 있어요.
서 : 그 정책 안에서 지원금을 받아 실행할 때 작가들이 맞춤형 작품을 만들었을지언정, 그것으로 인해 자기만의 작업을 발전시킬 수 있는 계기가 제공된 거죠.

　　김 : 그럼 앞으로 전망을 하자면?
모두 : 하하하
　　서 : 우리가 전망까지는 못할 것 같아요.
김 : 미래에 대한 전망보다, 앞으로 도시 미시사를 계속해서 '다시 쓰기' 한다면, 미시사적인 관점에서 어떤 방법론이 있을까요?

서 : 방법론을 하나 만드는 게 오히려 그걸 가두는 것 같기도 해요. 산발적으로 있는 것을 그때 그때마다 모아서 다시 그것을 해석하고, 미시사적으로 바라보는 것도 좋을 듯해요. 실제로 이 책에서처럼 굉장히 다양한 형태로 행해지고 있거든요. 김희천 작가처럼 그런 형태로 발전해 나갈 수도 있는 거고, 그 시각은 계속 달라질 수 있는 것 같아요.

김 : 저는 계속 사진의 어휘에 입혀서 생각하게 되는데, 우리나라 사진에서는 도시개발이라고 하면 언제나 그 주제가 있고 그것을 찍는 순서로 가거든요. 따라서 촬영 방법이나 장소도 비슷하고 진부한 면이 있어요. 그런데 일본 사진만 해도 과거 사진집들을 보면, 빤한 사진이 아니라 대상의 스펙트럼이 굉장히 넓죠. 상대적으로 우리는 너무 개념에 묶여 있다 보니까 대상을 찾지 못하고, 그 대상을 너무 사소하다고 보니까 그걸 무시하고 지나가고 기록하지 못한 지점도 컸던 것 같아요. 그런 맥락에서 봤을 때는 도시 미시사라는 우리의 시도는 대상성에 대한 층을 세분화해서 볼 수 있게 해요. 왜냐하면 서울의 각 지역만 해도, 저는 이 책에 언급된 여러 장소들을 가본 적도 없고 거기에서 무슨 일이 일어나는지 생태가 어떤 식으로 만들어졌는지 전혀 경험하지 못한 상태에서 알게 되었거든요.

정 : 이 책을 통해 작업들을 셀렉팅 또는 컬렉팅하며 느낀 건데, 전시라는 차원으로서의 이해는 한계가 있다는

생각이 들었어요. 그렇다면 중간에 뭐가 있어야 한다고 생각했죠. 특히 김소라 작가의 경우 사람들이 모르는 작업이 너무 많아요. 그런데 이번에 작가님과 대화하다 보니, 이 책을 통해 나누어야 할 이야기를 너무 많이 가지고 있는 거예요. 그것을 듣고 이해하고 글을 쓰는 과정에서 그 의미가 좀 더 쉽게 누군가에게 읽힐 수 있다는 생각이 들었어요. 이런 책 작업 다음 단계를 예상한다면, 결국 지속이 아닐까 싶어요. 우리가 생각하는 것보다 주변을 다루는 예술적 행위들이 훨씬 많아요. 우리의 주변을 돌보고 나머지를 생각하는 그 작업이나 행위들이 꽤 많은데 그게 숨겨져 있어서 잘 모를 뿐이죠. 이것을 모아서 좀 더 씹어서 다른 말로 써 주는 행위가 중요하다고 생각해요.

서 : 작가가 만약에 인지하지 못하고 있더라고 그것을 뽑아서 해 줄 수 있어야 한다고 생각해요. 그런데 그건 리서치가 많이 필요한 부분이죠.

정 : 마지막으로 한마디씩 정리하고 끝내죠?

김 : 뭐 없는데 하하하

서 : 2편 만드나요?

모두 : 하하하핫

정 : 도시 총서

김 : 도시 총서가 나온다면 흥미롭긴 하겠네요. 고민이 필요한 부분이지만 저는 이번 백승우 작가를 인터뷰하면서 '생각하

기 분류하기'라는 키워드가 굉장히 좋았어요. 꼭 사진 아카이브로 바라보진 않더라도 어떤 식으로 현재를 분류해서 기록할 것인가에 따라 다른 역사 쓰기가 될 수 있겠다는 생각이 들었죠. 이걸 계속 사진적인 차원에서 고민해 보겠지만 일단은 남겨져야 한다, 기록의 차원에서 글이 됐든 이미지가 됐든 책이 됐든, 담론의 대화, 토론의 장에서 끝나는 게 아니라 일단은 쓰여야 한다는 것이 중요하다고 생각해요. 그게 저희에게는 이 책이었던 거죠.

　　서 : 저는 좀 아쉬운 점이 있어요. 이 책이 흩어진 상태로 존재하고 있다는 거죠. 이 책 안에서도 말이에요. 그게 다음 책을 만들게 되면 좀 더 맥락을 탁탁 짚어주는 그런 것들이 있었으면 좋지 않을까, 작가군도 더 많이 끌어들이고요. 이번에는 작가를 개개 페이지로 넣기도 했지만 책으로 기획전을 하듯이 비평문이 각각 챕터를 설명하는 맥락을 갖추는 게 필요할 것 같아요.

김 : 키워드인데 'failure', 실패라는 것을 전제로 하는 건 어떨까요? 결국에 이런 시도, 접근 자체가 그것을 하나로 묶기에는 실패일 수도 있어요. 주제에 접근하는 방식조차 실패일 수 있다는 우리의 태도도 흥미롭고 중요하지 않을까요?

　　정 : 그 방법 자체가 달라야 할 것 같아요. 이걸 모으고 그것들의 줄기를 짜는 과정 자체가 좀 다른 방식이어야 한다는 거죠. 그 방식 자체가 여전히 어려운 것도, 가늠이 잘 안 되는 것도 있지만, 일반적인 컬렉팅과 줄기 잡기의

방식은 아닌 것 같고, 그렇게 하면 안 될 것 같아요.

김 : 아쉬웠던 게 사실 도시 담론에 해당하는 기획자들과 토론을 해 봤다면, 거기서 오는 실패 사례들을 모아 얘기해 보는 것도 의미가 있지 않을까 생각해요.

정 : 우리는 지금, 이 책에서 작업의 결과물을 가지고 얘기하는 건데, 그 작품의 결과물이 아니라, 그 작품의 과정, 그 이면을 살펴봐야겠죠.

김 : 그 과정을 겪은 기획자들에게, 성공보다는 실패한 사례를 모아서 책을 만드는 건 어떨까요?

서 : 도시 미시사 2 가는 건가요?

모두 : 웃음

김 : 지역에 대한 연구 자체도 상당히 단절된 상태에서 이뤄지고 있고 도시 VS 도시, 장소 VS 장소를 묶어본 적이 없었기 때문에, 이 책은 현재 우리가 그 결과물들을 1차적으로 수집한 것과 같아요. 다음에는 작가 개개에 대한 얘기보다는 좀 더 담론화된 맥을 찾고 다른 방식의 줄기 잡기로 발전, 가능하지 않을까 생각해요.

서 : 정이삭 소장님 마지막으로.

김 : 건축가적인 입장에서 한번 얘기하면 좋을 것 같아요.

정 : 저는 이게 미술 책이다, 건축 책이다 구분이 잘 안 되고 실제로 구분할 필요가 없는 책이라고 생각해요. 어쨌거나 건축과 관련해서 이런 유의 논의를 많이 보지 못했어요. 그것만으로도 이 책의 존재는 중요한 것 같고요. 막연하게 생각하던 언

어들이 이번 기회에 여러 사람들의 작업도 보고 글도 읽고, 또 제 글을 쓰면서 이 다음에 제가 뭘 해야겠다는 것까지는 스스로 알게 된 상태예요. 그게 개인적으로 가장 만족스럽죠.

아무튼 많은 분들이 이 책을 읽게 된다면 좋겠습니다!

엮은이

김정은은 출판인이자 기획자이다. 2007년 예술사진 전문지 《IANN》을 창간했으며 백승우, 오형근, Area Park 등 다수의 사진집을 발간해 왔다. 〈2010 서울사진축제〉 큐레이터, 〈2012 대구사진비엔날레〉 운영 팀장을 지냈으며, 현재 도시/공간에 관한 예술프로젝트 리서치를 기반으로 전시 기획 및 출판에 참여하고 있다.

서정임은 에디터이자 미술칼럼니스트이다. 미술전문지 《퍼블릭아트》와 《경향 아티클》의 창간 작업에 참여했으며, 약 9년간 두 매체 모두에서 수석기자로 일했다. 현재 패션지, 문화지 등에 글을 쓰고 있으며, 그 외 텍스트를 기반으로 한 미술 관련 프로그램들을 기획하고 있다.

정이삭은 2013년부터 에이코랩을 운영하며 다수의 공공 건축 작업과 건축 및 도시 관련 연구 용역을 수행 중이다. 여러 동시대 건축, 도시 관련 전시를 기획하고 참여한 바 있다. 2016년 제15회 베니스 비엔날레 건축전에서 한국관 공동 큐레이터이자 작가로 참여하였다.

The Seoul,
예술이 말하는 도시 미시사

엮은이	김정은, 서정임, 정이삭
편집	서정임
아트디렉팅	김소연
인쇄/제본	인타임
펴낸날	2016년 12월 31일
펴낸이	김정은
펴낸곳	IANNBOOKS
	서울시 종로구 효자로 7-2,
	오리온빌딩 2F, 03044
	전화: 02) 734-3105
	팩스: 02) 734-3106
	전자우편: iannbooks@gmail.com

ISBN
979-11-85374-13-0

가격
15,000원

●◖◗● 한국문화예술위원회

이 책은 한국문화예술위원회의 '2016년 문예진흥기금
시각예술창작산실 비평지원'을 보조받아 발간되었습니다.

이 도서의 국립중앙도서관 출판예정도서목록(CIP)은 서지
정보유통지원시스템 홈페이지(http://seoji.nl.go.kr)와 국가
자료공동목록시스템(http://www.nl.go.kr/kolisnet)에서
이용하실 수 있습니다. (CIP제어번호: CIP2016031959)

IANN